地方創生を可能にする

まちづくり×インバウンド「成功する「7つの力」

中村好明＝著

朝日出版社

はじめに

オリンピックが２０１６年8月5日から8月21日までの17日間、パラリンピックは9月7日～9月18日の12日間、あわせて29日間、ブラジルのリオデジャネイロで開催され、日本中が、そして世界中が熱戦に沸き、ブラジルに、そしてリオに注目しました。

私自身も、会期中はテレビ観戦のため寝不足にもなりました。閉会式の安倍晋三総理がマリオの姿で登場した印象的な演出も、記憶に鮮明に残りました。獲得したメダル数も史上最高でした。しかし、あれだけ世界中が熱狂した五輪大会も、宴《うたげ》が終わってしまうと、とたんに世界中の人々の関心は、南米のリオから離れつつあります。そして、今度は２０２０年の日本の東京に、世界中からの視線が集まってきます。そう、明日はわが身なのです。

オリンピック開催に向けて、これからの4年間、かつてなかったほど世界中が日本に、東京に注目することでしょう。しかし、２０２０年8月の東京大会終了後、その関心は当然、またその次の２０２４年の開催国・都市に移っていくものとなることでしょう。

私は、わが国のインバウンド3・0の時代（本書第2章を参照）を、この2020年7月の東京五輪とともに起動させるべきことを論じています。東京五輪はあくまでもそのスタート、すなわち〝起点〟なのです。決してゴールなどではありません。これからの4年間、日本には世界中からの視線が集まり、わが国は国中が五輪特需に沸き、浮かれることでしょう。景気も伸び、訪日観光客も年々伸び続けていくことでしょう。日本国政府が掲げている「2020年までに訪日外国人4000万人、訪日客消費額8兆円の達成」という高い目標も、簡単といえないまでも、不可能な数字だとは思っていません。

また、一部の悲観論者が唱えているような「2020年がインバウンドのピークだ。2020年をピークに、その後の日本の訪日市場は下り坂だ」というような暗い未来に賛成しようとも思いません。（本文で私が述べているようなビジョンを国民の多くの皆さんが共有し、優れたインバウンド・リーダーが育っていけばという前提ではありますが）わが国には（そして世界には）、インバウンドの実績が、2020年を超えて、さらにすくすくと伸びていくだけのポテンシャルがあると思っています。

しかし同時に、2020年以降の日本に立ちはだかってくるのは、人口減少という過酷な難題です。2020年からは47全ての都道府県で人口が減っていきます。五輪開催とも相まって東京都の人口規模は、２０２０年に過去最大の１３３５万人となり、ピークに達すると予測されています。ただし逆を言えば、その翌年からはこの東京でさえ、人口減少が始まっていくわけです。２０１４年に年間約26万人減り、２０１５年に約30万人減った日本の総人口は、五輪開催後、やがて毎年70万人以上減り始めるようになります。これは、毎年ひとつずつ小ぶりな県が消滅していくようなものです。

　インバウンドは人口減少対策のための特効薬ではありません。しかし、観光立国革命への挑戦は、この国の社会の在り方、これまでのモノづくり中心の、規格大量生産社会、右肩上がりを前提にした国づくりの方向を転換させるだけの、そして国民の鎖国意識を変え、この国の真の〝心の開国〟を実現していく上での、そして縦社会の垂直的な社会構造を変えていく上での、大きなインパクトを持っていると思っています。薬ではなく、むしろサプリメント（栄養補給食品）のように、じわじわと、この国の人々のマインドの体質改善に寄与していくことと期待しているのです。

　２０２０年以降の訪日外客４０００万人時代には、外客のほとんどがリピーターとなっていることでしょう。そしてそれにともない、今まで以上に、訪日客の皆さんを飽きさせない、おもてなしの進化と、より深い地域連携が必要とされてくることでしょう。２０１７年春には、民泊解禁、通訳案内士の業務独占廃止、酒蔵での消費税に加えて酒税の免税制度など、新たな法制の整備も予定されています。シェアリングエコノミーや、ICT、SNSの進化はさらに加速化することでしょう。世界の国際観光市場はますます拡大していくことでしょう。日本の抱える課題は大きいけれども、同時に、われわれが手にしているチャンスもまた、まさに無限大なのです。

私は、一人でも多くの志のある人々に、そして本気でこの国の未来を憂い、日本の未来、ひいてはアジアの未来、世界中の未来を切り拓《ひら》きたいと望んでいる人々に、この本を手に取っていただきたいと思っています。そして、ともに観光立国革命の同志として立ち上がっていただきたいと熱望しています。また、この本がそのチャレンジの際の小さなヒント・小さなガイドブックになれればと、ひそかに願っています。

なお、各章の章末には、日本を代表するツーリズムビジネス専門誌である『週刊トラベルジャーナル』に毎月連載させていただいている「視座」というコーナーのコラムを、同誌編集長のご快諾のもと、収録させていただいております。本文と合わせて、読んでいただければと思います。（なお、この一年間のうちに書いたいくつかの号の「視座」の内容については、直接転載することなく、可能な限り各章の本文の中に組み込みました）

また、限られた時間の中で、この本を書き上げる上で、実に多くの方々のご支援と励ましとご協力をいただきました。この場を借りて、すべての関係者の皆さまに心より御礼を申し上げます。

２０１６年９月吉日

地方創生を可能にする まちづくり×インバウンド 成功する「7つの力」 目次

第2章

インバウンドの進化が、地方を元気にする！

第3章

最新事例から学ぶ、先進的な取り組み

第4章

インバウンドを成功させるための「7つの力」

終章

2020年に向けた「7つの目標」

序章

インバウンド・バブルは弾けたのか

〝爆買い〟の反動

2014年後半から2016年初めにかけて、「インバウンド・バブル」とでも言うべき現象が起こりました。大阪心斎橋筋や銀座・新宿といった首都圏の繁華街では、大型観光バスが店舗の前に横付けし、そこから大勢のアジアからの人々が降りてきて、店舗で買い物をしまくるという風景が、テレビのニュースなどでもたびたび放送されました。

そもそも、「インバウンド」などという言葉自体、以前は観光業界に関連した仕事をしている人でもない限り知らなかったはずですが、〝爆買い〟の風景に慣らされていくうちに、誰もが日常会話の中で「インバウンド」という言葉を使うようになりました。詳しくは後述しますが、実際にこの間、日本を訪れる訪日外国人観光客の数は、どんどん増えていったのです（伸び率こそ鈍化しながらも、その数は今も伸びています）。

このように、インバウンドが大盛り上がりを見せるなか、日本の企業にも大きな変化が表れてきました。インバウンド関連企業の業績が改善し、それにともなって株価が上昇するようになったのです。

「インバウンド関連銘柄」という言葉を聞いたことはありませんか。ざっと企業名を挙げると、ラオックス、三越伊勢丹ホールディングス、ＡＢＣマート、ＪＡＬＵＸ、ビックカメラ、コメ兵、資生堂など、特に中国人をはじめとするアジアからの訪日観光客が好んで買い物をしそうなお店、あるいは製品がずらりと並びます。いずれもインバウンド関連銘柄ということで、株式市場でずいぶんともてはやされた企業ばかりです。なお、不本意ながら、わがドンキホーテホールディングスもその中に含まれていました!(〝不本意〟の真意は後述します)

実際、これらの株価はどうなったのでしょうか。2015年1月～2016年8月に付けた株価の高値と安値を比較してみましょう。

ラオックス……… 5640円(2015年7月)↓604円(2016年6月)
三越伊勢丹HD…… 2395円(2015年7月)↓885円(2016年6月)
ABCマート……… 8020円(2015年8月)↓5770円(2016年1月)
JALUX………… 2838円(2015年8月)↓1576円(2016年7月)
ビックカメラ……… 1641円(2015年7月)↓802円(2016年8月)
コメ兵…………… 4095円(2015年1月)↓897円(2016年8月)
資生堂…………… 3327.5円(2015年8月)↓2083円(2016年2月)
ドンキホーテHD… 5830円(2015年7月)↓3260円(2016年2月)

インバウンド関連銘柄はほかにもたくさんありますので、ここに挙げた8銘柄はあくまでもそのほんの一部ですが、これらの株価動向を見ると、インバウンドが話題になっていた2015年にかけて高値を付けた後、2016年以降はそろって安値を付けに行っています。

もちろん、その理由はいろいろです。2015年12月以降、アベノミクスに対する過度な期待感という名のメッキがはがれたのか、景気回復期待は後退し、株価は下落トレンドに入りました。2月16日からは日銀がマイナス金利を導入したものの、円高の進行とともに株価の下げは止まらず、また6月24日にはイギリスのEU離脱をめぐる国民投票で、離脱派が多数を占めたことから、ブレグジットショックともいうべき、世界的な株価下落を引き起こしました。

また、日本のマクロ経済に目を向けても、物価の影響度を差し引いた実質GDP成長率は、2013年度こそ2・0%の伸びを見せましたが、2014年度は消費税率引き上げの影響によりマイナス0・9%へと減速。2015年度は増税の影響がなくなったものの、それでも前年度比で0・8%という低い成長率に留まりました。

物価目標も、結局のところ消費者物価指数の年2・0%上昇を達成できないまま、現在に至っています。生鮮食品を除く総合で消費者物価指数の対前年比を見ると、2016年3月からは毎月マイナスが続いており、再びデフレ気味になっていることがうかがわれます。

こうしたマクロ経済のスローダウンが株価に及ぼした影響は、無視できないものがありますが、それとともに2014年、2015年と、ものすごい盛り上がりを見せた〝爆買い〟に象徴されるインバウンド消費が、2016年に入ってから伸び悩み始めました。結果、あれだけ株式市場で賑《にぎ》わった「インバウンド」というテーマに対する関心度が低下し、インバウンド関連銘柄の株価も下落したと考えられます。

ここで少しだけ、手前味噌ながら、わがドンキホーテHDへの言及をお許しいただけたらと思います。前述のとおり、ドンキホーテHDも昨年は不本意ながらインバウンド関連銘柄のレッテルを貼られ、株価が変動したのも事実です。しかし、当社グループの外客（外国から来た客）売上、国内顧客売上を含む全社売上ともに、インバウンド・バブル崩壊後も、おかげさまで今なお着実に伸び続けています（27期連続増収増益）。株価も日経平均とほぼ連動しており、そこから大きく乖離《かいり》することはありませんでした。

なぜでしょうか。私たちは、そもそも外客売上に過度に依存する考えはなく、あくまでも国内市場で勝ち、インバウンド市場は別途アドオン（付け足）すべきプラスアルファ要素としてのみとらえ、意識的に取り組んできたからです。当社グループには、徹頭徹尾バブルに乗るつもりは微塵《みじん》もなかったのです。

「勝ち残るインバウンド」と「負けるインバウンド」

株式投資をしている投資家からすれば、インバウンドはもはや使い古されたネタに過ぎないのかもしれません。

でも、それはあくまでも株式市場という狭い世界における評価に過ぎません。リアル経済の世界におけるインバウンド・ムーブメントは、これからも続いていきます。ただ、これから先は、生き残っていく（＝勝つ）インバウンドと、淘汰《とうた》されていく（＝負ける）インバウンドというように、「優勝劣敗」が明確になっていくでしょう。それは、かつてのＩＴバブルもそうでした。

十数年前、インターネットの登場で「ＩＴ」という言葉が一般化し、インターネットにほんの少しでも関係するような企業の株式が、世界中でどんどん買われていきました。その中には、ただ単に携帯電話を販売しているだけの企業であるにもかかわらず、ＩＴ関連銘柄として人気を集めたものもありました。そのような無理な相場が、いつまでも続くわけがありません。ＩＴバブルは２０００年3月をピークに崩壊し、多くのＩＴ関連銘柄の株価が暴落状態に陥りました。

しかし、こうした中でも生き残ったＩＴ企業が、今や大企業になっています。ヤフー、ソフトバンク、楽天、サイバーエージェントなどがそれです。米国でもアップルやグーグル、アマゾン、シスコシステムズなどが、まさにＩＴバブル崩壊後の荒波を乗り越え、今の地位を確実なものにしました。ＩＴというジャンルの中で、確かに生き残った企業、淘汰されてしまった企業はありますが、ＩＴというインフラは、さまざまなサービスを生み出し、世の中をどんどん便利なものにしていきました。その進化は今も止まりません。

インバウンドも、それとまったく同じです。

確かに、今は一時的にインバウンド熱がやや下火になっているかのように見えます。円高が進んで外国人観光客の購買力が落ちたとか、日本に大挙してやって来て、大金を使って爆買いをした中国人観光客が、中国経済の低迷や関税の課税強化などによって大金を使わなくなったとか、背景はいろいろ考えられますが、それらはあくまでも一時的な要因です。詳しくは後述しますが、インバウンドは、今後人口減少による経済力の衰退が予見される日本にとって、持続可能な経済を実現する上で、最重要な政策的意味合いを持っています。

加えて将来、インバウンドのマーケットは、確実に拡大していくことが見込まれています。国際観光人口（自国から国外に旅する人々）は年々増え続けていますし、年収が1万ドルを超えると、海外旅行に対する関心が高まる傾向もあります。今後、アジア各国の平均年収が1万ドルを超えてきたら、ますます海外旅行熱が高まっていくことでしょう。したがって、国際観光事業は今の日本にとって唯一、これからの成長が期待できるビジネス分野といっても過言ではありません。インバウンド・バブルが崩壊したといっても、それは一時的な落ち込みであり、今後さらに成長していくのは、ほぼ間違いのないところだと思います。

ただ、その中では、勝ち残れるインバウンドと、負けて淘汰されるインバウンドの2つにはっきりと分かれていくはずです。実際、どのようなインバウンドなら生き残っていけるのか。それは、現場でインバウンドビジネスに関わっている人だけでなく、インバウンド関連企業に投資して利益を得ようとしている株式投資家にとっても、非常に興味のあるところだと思います。では、勝ち残れるインバウンドとは何か。その解は、本書を読み進めていただくなかで、徐々に分かるような仕掛けにしてあります。なので、どうか最後の最後まで読み切って下さい。

インバウンド・バブル崩壊の真実

「爆買い」

すでにもう、だいぶ前に流行《はや》った言葉のように思えます。むしろ今や死語のようにさえなっています。この言葉が新聞、テレビなどのメディアを通じて世間に広まり始めたのは、

2014年の年末のことでした。そして2015年2月の春節休暇には、中国人観光客をはじめアジア各国からの訪日客が大挙して各地を訪れ、高額商品をはじめとしてさまざまな日本製品を買い込んでいきました。百貨店のひとつの棚で、「ここからここまで全部ください」などという光景が、あちらこちらの店で見られたものでした。そして〝爆買い〟という言葉は、2015年12月1日に発表された「ユーキャン新語・流行語大賞」において年間大賞を受賞したのです。

一時は、このような爆買いが永遠に続くかに思えました。

そして、爆買いとともに「インバウンド」という言葉も、人々の口の端々に普通に上るようになりました。

それ以前、インバウンドという言葉は、上述のとおり観光業界で働く人以外は耳にしたことがなかったのではないかと思います。インバウンドを英語で表記すれば、inbound。inとは、「～の中に」、bound は、「～行きの」という意味です。新幹線に乗ると車内アナウンスで「This train is bound for Tokyo」などと流れてくるので、バウンドという言葉に聞き覚えのある方も多いことでしょう。以前は、インバウンドは訪日旅行を指す業界用語だったのです。その逆は「アウトバウンド」で、こちらは外に向かって出かけていくという意味で、海外旅行を指しています。爆買いが話題になるなかで訪日外国人旅行者が急増し、このインバウンドという業界用語がお茶の間にまで拡散して、一気に市民権を得るに至ったわけです。

日本政府観光局（ＪＮＴＯ）が発表している「訪日外客数」の推移を見ると、ここ数年で日本を訪れる外国人観光客の数が急増してきたのが分かります。「ビジット・ジャパン事業」がスタートした２００３年以来の数字はグラフに示した通りです。２００３年の訪日外客数は５２１万１７２５人でしたが、２０１３年に１０３６万３９０４人と１０００万人の大台に乗せ、２０１５年には１９７３万７４０９人と、さらに大幅に増加しています。ちなみに、本書を書いている２０１６年８月時点で判明している２０１６年の数字は、７月までのところで１４０１万３００人です。７カ月間でこの数字ですから、単純に12カ月換算すると約２４００万人になります。昨年に比べるとかなりの伸び率鈍化とはいえ、このペースで訪日外客数が引き続き伸びていけば、よほどのアクシデントがない限り、２０１６年における初の２０００万人乗せはまず間違いないことでしょう。

実に、喜ばしい限りだと思います。訪日外客数は伸び続ける。一見すると、何の問題もなく、日本のインバウンド戦略は成功に向けて、着実に歩みを進めているかのように見えるでしょう。

ところが、実際問題として、この状況を手放しで喜べない事実があります。観光庁が調査している「訪日外国人消費動向調査」によると、２０１５年７～9月期の訪日外国人一人あ

ビジット・ジャパン事業開始以降の訪日客数の推移（2003年〜2015年）

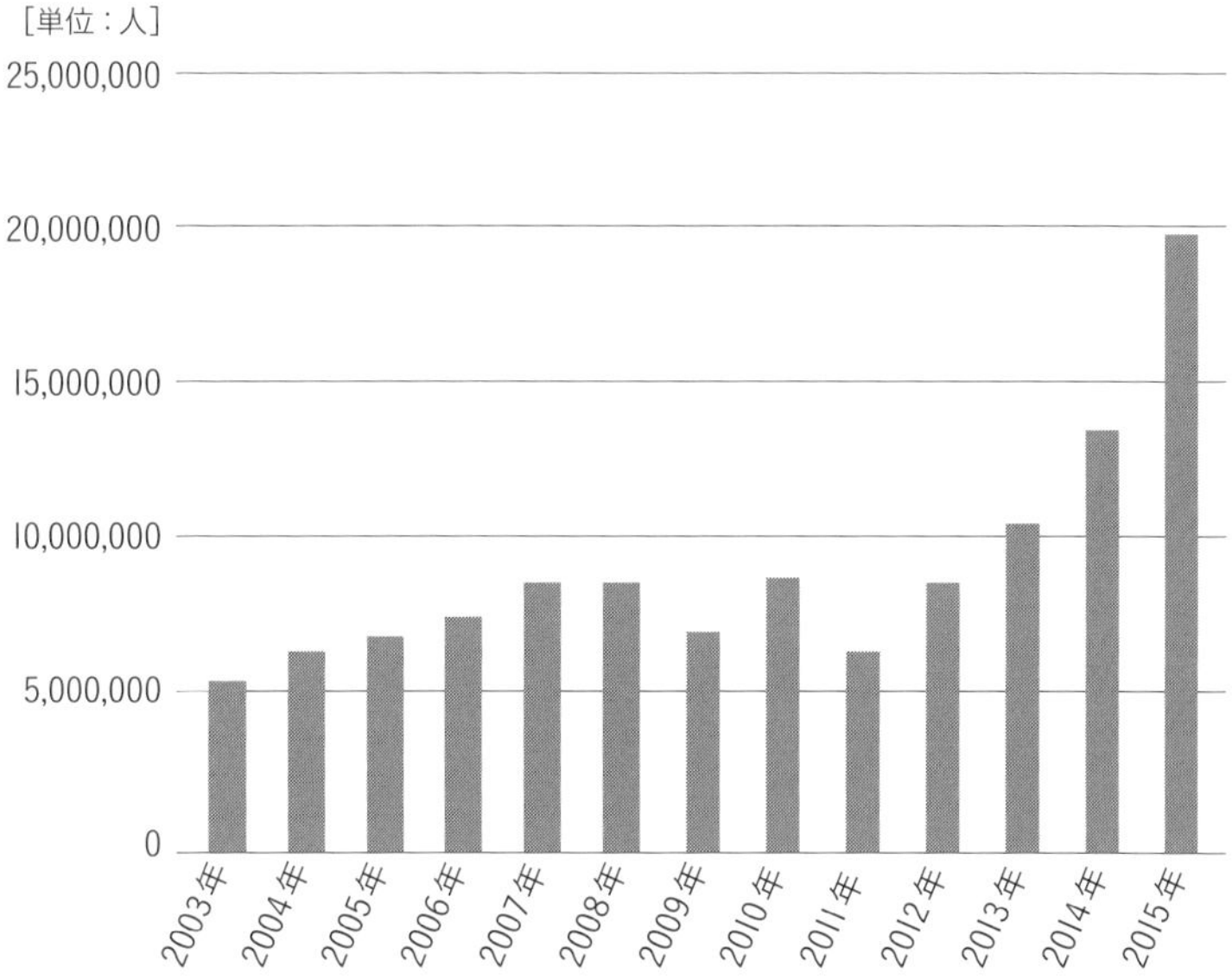

日本政府観光局（JNTO）

たりの旅行支出は、18万7166円で前年同期比18・3%の増加となり、全体の旅行消費額は1兆9億円と、1四半期では初めて1兆円を超えました。

しかし、これがピークとなり、訪日外国人一人あたりの旅行支出は減少傾向をたどっていきます。実際、2015年7~9月期以降の訪日外国人一人あたりの旅行支出は、次のようになっています。

2015年10~12月期…………16万7696円
2016年1~3月期…………16万1743円
2016年4~6月期…………15万9930円

期を追うごとに訪日外国人一人あたりの旅行支出は減少傾向をたどっているのが、お分かりいただけるでしょう。そう、訪日外客数は増えているのですが、日本を旅行している間に使うお金の額が、減少傾向をたどっているのです。全体の旅行消費額を見ても、2015年7~9月期の1兆9億円は、まさにピークでした。ちなみに、その後の旅行消費額は、

2015年10~12月期………8804億円

2016年1～3月期…………9305億円
2016年4～6月期…………9533億円

このように見ると、何となく2015年10～12月期でボトムを打ち、徐々に伸び始めているようにも見えるのですが、前年同期比の数字が、事態は容易ならざることを告げています。時系列に伸び率を見ると、次のようになります。

2015年1～3月期…………64・4%増
2015年4～6月期…………82・6%増
2015年7～9月期…………81・8%増
2015年10～12月期…………57・1%増
2016年1～3月期…………31・7%増
2016年4～6月期…………7・2%増

このように、2016年4～6月期で伸び率が大幅に縮んでいるのが、お分かりいただけると思います。〝爆買い〟は、いうなればインバウンド・バブルであり、今はそれが崩壊している過程にあると言ってもよさそうです。

なぜ、インバウンド・バブルは崩壊していると考えるべきなのでしょうか。その最大の要因は、為替の動きにあります。訪日外国人観光客が急増した2015年にかけて、円は下落の一途をたどりました。2012年は1ドル＝70円台前後で推移していた米ドル／円のレートは、2015年5月には1ドル＝125円台まで円安が進みました。

訪日観光客を国籍別に見ると、圧倒的に多いのが中国です。2015年の訪日外客数の総数1973万7409人のうち、中国国籍は499万3689人で、総数の25・3％を占めています。実に4分の1が中国からの訪日観光客なのですが、中国の通貨である人民元は、米ドルに連動《ペッグ》しています。つまり、米ドルが対円で上昇すれば、人民元の対円レートも上昇します。2015年にかけて円安が進んだということは、それだけ人民元の対円での購買力が上がったことを意味します。これが爆買いを誘引しました。

しかし、それは逆の見方をすると、円高に戻った時には、人民元の対円での購買力が連動して落ち込むことを意味します。米ドル／円のレートは、2015年5月に1ドル＝125円台を付けたのがピークで、そこから再び円高が加速しました。

2016年6月24日、イギリスで行われたEU離脱の国民投票において、離脱派が多数を占めたことが判明したとたん、マーケットでは株安、通貨安が進むなか、円高が一気に加速しました。実に1ドル＝１００円を割り込んだのです。一時的ではありますが、１２５円台まで進んでいた円安が、１００円割れの円高に転じたことによって、人民元の購買力が大きく削《そ》がれることになりました。つまり、中国の人たちが日本国内で買い物をする場合、より多くの人民元を払わないと買えなくなったのです。

１２５円が１００円になったということは、米ドルや、それに連動している人民元から見れば、値段が25％上昇したのと同じことになります。わずか1年間で25％も値段が上昇すれば、爆買いできなくなるのも当然です。しかも人民元は、２０１５年8月に切り下げを実施しました。具体的には8月11日、人民元の対ドルでの売買に適用される「基準値」を２％程度引き下げ、さらに翌12日、13日と3日連続して切り下げを行い、合計で４・６％程度の人民元切り下げを実施しました。

中国人の〝爆買い〟が終息したもうひとつの理由は、中国国内の経済情勢でしょう。中国の経済成長率はかつて10％超という非常に高い水準でしたが、２０１１年以降は徐々に下降曲線をたどるようになり、２０１６年1～3月期の実質ＧＤＰ成長率は、対前年同期比で６・7％となりました（実際はもっと低いと指摘するエコノミストもいるくらいです）。経済成長が鈍化すれば、人々の懐具合も悪くなりますから、爆買いは終息します。

また、一気に高騰した上海の株式市場は、２０１５年夏に暴落。不労所得的に、濡れ手に粟《あわ》で手にしたキャピタル・ゲインのお金はまさにバブルマネー。そうしたお金は高級ブランドなど不要不急のぜいたく品に使われがちでした。しかし、そんなバブルマネーが消失すれば、中国人の皆さんもかつてのバブル崩壊後の日本人が変化したように、堅実でまともな消費行動へと変化していくのは、当然のことなのです。

本格的成長は、むしろこれから

「爆買いは終わった！」などと言うと、多くの方が現状を悲観的にとらえるのではないでしょうか。

でも、私はインバウンドが一時的なブームで終わるとは思っていません。どう考えても、これからの日本においてインバウンドは、今後も変わることなく伸び続けるものだからです。

アジア諸国の中で、日本は他の国に先駆けて少子高齢化が進み、人口は減少傾向をたどっています。2013年のピーク時には1億2730万人だった日本の総人口は、2060年には9000万人を割り込み、8674万人になることが人口動態調査を通じて分かっています。人口動態は、ほかのどんな統計よりも冷徹に未来を指し示すものなのです。

定住人口が減少すれば、経済は徐々に低迷していきます。日本経済が最低限の成長率を維持していくためには、交流人口を増やさなければなりません。レジャーに加え、商用、留学・就労、友人親族訪問（ＶＦＲ：Visit Friends and Relatives）など、渡航目的の幅を広げ、どんどん海外から人がわが国へと流入する流れを作ることが、日本経済を維持していく上で不可欠になります。つまり、これからの日本は国策として、広義のインバウンドを推進していく必要があるわけです。

そして、日本の総人口がひたすら減少傾向をたどるのとは反比例して、世界の旅行市場の方は今後も継続的に発展し続けます。中でもアジアの国際観光熱は、これから持続的に高まっていくでしょう。国連世界観光機関（ＵＮＷＴＯ）によると、アジアの２０１０年の国際観光客到着数、つまり海外に出かける人口は、１億９２４０万人で世界人口の20・５％でしたが、オリンピック・パラリンピック東京大会が開かれる２０２０年には３億４０００万人で25・０％、２０３０年には５億１６００万人で28・６％を占めるようになると予想されています。

また、２０１０年には全世界で約９億４０００万人だった国際観光客数は、２０２０年には13億６０００万人に増加すると見込まれています。

さらに、２０１５年の世界全体の国際観光客到着数は、前年比４・７％増の５１００万人増となり、11億８６００万人を記録しました。地域別シェアでは欧州が過半を占めていますが徐々に減少しており、それに対してアジア太平洋は2005年に19％だったシェアが、2015年には23・5％まで拡大しています。

人口増とともに経済成長が著しいアジア各国の人々は、一人当たりの所得も上がり、これから国外観光熱に沸くと思います。

問題は、国外旅行熱に沸くなかでアジアの人々がどこを目指すのか、ということですが、欧米先進諸国に比べ、日本には大きなアドバンテージがあります。それは、物理的に彼我《ひが》の国同士の距離が短く、併せて時差も小さいという点です。日本は、人口の多い中国、そして香港・台湾・韓国から極めて近い国であり、他の東南アジア諸国から見ても、距離的に、時差的にそれほど遠い国ではないのです。オーストラリア・ニュージーランドは、距離は遠くとも、日本との時差はほとんどありません。これも実は隠れた大きなアドバンテージなのです。海外旅行で経験した方も多いと思いますが、時差が大きいと目的地に到着後、昼夜の生活時間帯が逆転するなどして、体調を整えるのが大変です。

誤解を恐れずに申し上げます。〝インバウンドは唯一、これから無限に伸びていく産業〟といっても過言ではないのです。ただし、インバウンドは春に種をまけば、早くもその夏のうちに大きくなる草花のようなものではありません。インバウンドは何年、何十年もかけて成長する樹木のようなものであり、長いスパンで考え、じっくり育てていく必要があります。「桃、栗三年柿八年」ということわざにもあるとおり、インバウンドは、3年、8年あるいはもっと長いスパンで戦略的に進めていくべき分野なのです。実を結ぶまでは時間がかかりますが、いったん実を結ぶような大木になれば、無限に果実が鈴なりに実るのです。功を急いてはいけません。

ただし、時代は変わったのです。上述のとおり、これからのインバウンドは、「優勝劣敗」がいちだんと鮮明化していくでしょう。優れた者＝本当に工夫をし、努力をした者のみが生き残る時代になっていくということです。そして、そうした努力をしない者は、滅び去らざるを得ません。

振り返ってみれば、2014年後半、2015年という〝爆買い〟に支えられたインバウンド・バブルの時代は、誰でも簡単に夢を見ることができました。何しろ、お客さま（訪日外客）の方から勝手に来てくれたのですから。お店のドアを開いたままにして、お客さまが来るのを待ってさえいれば、それでよかったのです。あとは、お金をたくさん持った中国人をはじめとするアジアや世界中の訪日客が、ひとりでにどんどん商品を購入してくれました。

ここで、大いなる勘違いが生じたのも事実です。単なる受動的な成功であったにもかかわらず、それを自分たちの実力と勘違いしてしまった人が大勢出てきました。言うなれば、インバウンド・バブルに踊らされた、いや踊った人たちです。こういう人たちは、いまだに自分たちのビジネスを、過度なまでのインバウンド期待に依存しているだけでなく、2014年後半、2015年のようなバブル期が再び訪れると思い込んでいたりします。あるいは逆に、そのバブル崩壊にすっかり意気消沈して、もうインバウンドはダメだと、簡単に諦めてしまっている人もいます。

いいえ、どちらも、間違いです。

先にも述べたように、インバウンド・バブルは崩壊しました。そしておそらく二度とバブルはやってこないでしょう。しかし、同時に言えることは、インバウンドの真の、そして持続的な成長はむしろこれからだということです。これまで同様に何の努力もせず、受動的な成功におぼれている人たち、あるいは未来を悲観して意気消沈しているだけの人たちは、早晩、インバウンドの表舞台から降りざるを得なくなるでしょう。

まさに、このポスト〝爆買い〟時代の、真のチャンスに満ちた大海原にきちんと漕《こ》ぎ出して行けるのは、しっかりとした理念とビジョンを持ち、工夫をして自らの固有性を磨き、地域の人々と連携するなどして、不断の努力を積み重ねていける人たちだけなのです。今の日本においてバブルに踊ることなく、サスティナブル（持続可能）なインバウンドビジネスを展開している人たちについては、本書でもそれなりの紙数を割いて、事例研究《ケース・スタディ》として後述していきたいと思います。

これまで私は共著を含め5冊、観光立国、そしてインバウンド関連の本を著す幸運に恵まれてきましたが、本書において、自分なりに、これまで書いた本との差別化を図った点は、可能な限り各章に「具体的な事例」をちりばめたことにあります。これから、観光立国・インバウンドを通して地方創生に真摯に取り組んでいこうと考えている方々にとって、そうした事例研究が少しでもお役に立てたら幸いです。

視座 Column 1

ガイドという職業の奥深さ

過日、講演のために鹿児島の奄美大島を訪れた。その際、マリンブルーの海、マングローブの群生地などの素晴らしい景観に息を呑《の》んだ。しかし、視察で巡った浦々の車窓から見る奄美の山々の山腹では、かなりの頻度で立ち枯れた赤茶けた幹が鮮やかな緑の中に無残な姿をさらしていた。環境破壊が進んでいるんだろうか。世界自然遺産登録に向けた官民の機運も盛り上がっているなかで、奄美の自然は大丈夫なのか、などと憂慮し、老婆心ながらひそかに心を痛めていた。

翌日、奄美の原生林ツアーに参加した。ワゴン車に揺られ、山に向かった。途中、ガイド氏が説明した。「あちらの赤い立ち枯れた樹木が見えますか。松の木です。本土からもたらされた外来種です。戦後外地から多数の引揚者が島に戻り、人々は照葉樹林を切り開いて段々畑を作りました。松は陽光を好みます。深い森が消失し、松の木が島中に広がったのです。しかし、今や人口減少と共に畑を耕す人が減り、奄美の自然が力を取り戻し、本来の照葉樹林が広がって日の光が遮られ、松が枯れたのです。環境破壊ではありません。奄美の自然の復興です！」

衝撃を受けた。環境悪化と思いきや、むしろ環境の復興過程の姿だった。ほっとした。そして、ガイドの価値を痛感させられた。うわべだけの観察では分からないことが、現地の自然の変遷を深く知るガイド氏の解説によって、旅の価値が増し、知見が深まったのだ。

そもそも、英語のガイド（guide）の語源は、印欧祖語（８０００年から1万年前のインド・ヨーロッパの古語）の「見る」「知る」という語義を持つ文字列「*woid-/*weid-/*wid-」に由来する。英語のwise（博識な、賢い）は、この直系語だ。見て、知っているから、博識なのだ。英語の idea（理念）もこの祖語から派生している。頭の中で見えているから理念となるのだ。なお、語頭の「w-」は、ラテン語では「v-」に変わった。ここから vision とか video なども派生した。またフランス語では、語頭の「w-」は「g-」に変わった。ここから、この印欧祖語はやがて現在の英語の guide へと語形変化した。

そうなのだ。ガイドを語源から定義すれば、「あらかじめ見て、知った知見をもとに、旅人を導く人」となる。まさにガイドとは、「目に見えるものの背後にあるものを知っていて、教示してくれる人、旅の意味を深めてくれる人」である。奄美のガイド氏は、私を奄美の奥深い魅力へ導き、忘れえぬ思い出を創ってくれた。

先日、鳥取県の講演会に赴いた際、大山《だいせん》の視察に連れて行っていただいた。そして、大山山腹のダウンヒルをロードバイクで駆け下りるツアーに参加した。途中、眼下の紺碧《こんぺき》の日本海も一望でき、振り返れば大山の雄大な山容が迫る。まさに圧巻のパノラマ。初秋の冷気のなか、爽快極まりないスリル満点のアクティビティだった。

途中、大山の源流水が湧く渓流に立ち寄り、樹海をガイド氏（ツアー主催会社の代表）に案内いただいた。その時に伺った話は今も忘れられない。「私たちは毎日のようにこの自然を案内します。しかし少しも飽きません。毎回、新鮮な感動があるのです。私たちは単に知っていることを参加者に教えているだけではありません。私たち自身毎回ツアー参加者と一緒に、自然の素晴らしさを大山に教えてもらい、一緒に学び、一緒に感動させてもらっているのです」

私は、清清しい緑の樹海のなかで、ガイドという職業の奥深さにあらためて触れた気がした。そして、ガイドの語源が秘めているその深い意味を強く、強く再認識させられたのだった。

第1章

亡国のインバウンド

――ニッポンの現実

国内市場をおろそかにしては成り立たない

なぜ今インバウンドなのでしょうか。

この問いかけに対して、正確に答えられるインバウンド関係者は、まだまだ数少ないと思います。

「今がビジネスチャンスだから」

「外国人観光客を呼び込めれば、内需の落ち込みを穴埋めできるから」

おそらく、答えとして考えられるのは、このあたりでしょう。

でも、これは一面において当たってはいますが、本当の意味で正しい答えではないと思います。そもそも、国内の日本人を相手にした商売がうまくいかないからといって、外国人観光客相手に商売が成功する可能性は低いでしょう。

インバウンドを成功させるためには、海外からの訪日観光客だけを見ていればよいというものではありません。大事なのは日本国内、日本人を相手にした商売が繁盛することです。すなわち地元客、そして国内の大都市圏から来る観光客に愛され、支持される努力をすることが、インバウンドを成功させる力の唯一の源泉になるのです。つまり、日本人相手の商売を無視しては、インバウンドも成り立たないということです。

実際、私は日本全国各地を歩いて、地方におけるインバウンドの状況を見ていますが、日本人観光客が寄りつかず、お土産屋さんや飲食店がガラガラで、閑古鳥が鳴いているような状態なのに、外国人観光客が鈴なりになっているような観光地は、見たことがありません。短期的に見れば、2014年後半、2015年のようにインバウンド・バブルともいうべき状況になって商売が成り立つこともあるでしょうが、そのような状況は決して長続きしません。ところが残念なことに、日本人観光客相手の商売が成り立たない観光地ほど、（国内市場をおろそかにして）インバウンド需要ばかりに過度に依存しようとします。

しかし、このように自分の商圏における需要不足を、他から調達して穴埋めしようという考え方でインバウンドに取り組んだとしても、人口減少によって経済的な停滞を余儀なくされる日本を、インバウンド需要で底上げしていくという、非常に時間軸の長い挑戦に耐えることができません。いうなれば、これは「欠乏マインド」に陥ったインバウンドだからです。

欠乏マインドとは、スティーブン・R・コヴィー氏が、その著書である『7つの習慣　成功には原則があった！』（1989年）で説明したもので、人間の思考には「豊かさマインド」と「欠乏マインド」に二分できるというものです。

「豊かさマインド」とは、この世界には、天与の資源《リソース》が無限に溢《あふ》れているという考え方です。

もう一方の「欠乏マインド」は、世の中の資源は有限であり、他から奪ったりもらったりしないと自分の取り分がなくなるという考え方です。自分のところにお客さまが来なくなったからといって、他からそれを持ってきて穴埋めしようというのは、まさに後者の欠乏マインドによるインバウンドといってしかるべきでしょう。

「儲けられるうちに儲けよう」という発想

内需が不足した分を外需で穴埋めするという、欠乏マインドによるインバウンドは、「儲《もう》けられるうちに儲けよう」という、非常に近視眼的なマーケティングに陥りがちです。これも、長い時間軸に基づいたインバウンド戦略には不向きな考え方です。

この手の事例には事欠きません。

たとえば日本のビジネスホテル。ここ数年で非常に宿泊費が高騰しています。ホテルが全体的に不足しているなかで、訪日観光客がどんどん増えていきましたから、需要と供給のバランスで考えれば、価格は上昇するのは当然のことと考えられます。

とはいえ、20平方メートルにも満たない非常に狭い部屋の宿泊費が一泊で3万円もしたら、今度は本来、国内のビジネスホテルを利用している人たちが困ってしまいます。

また、知人の中国人のある女性ガイドさんは、悪びれることもなく、「中国人の団体観光客は、これからどんどん減っていく。みんな2回目、3回目になれば個人観光客（FIT）で来るようになる。儲けられるのは今のうち。だから、今は一円でも高い買い物に誘導し、今のうちに稼ぐしかないの」と私に熱い口調で語っていました。

まさに、「人の足元を見る」という商法以外の何物でもありません。中国人ガイドの皆さんはともかく、日本人側がこのような商売を続けていたら、初めてやって来た訪日外国人観光客の目はある程度ごまかせたとしても、地元の利用者、日本の大都市から来る観光客の目はごまかせません。徐々に、国内の観光客の足取りは途絶えていきます。前述したように、「地元客、そして国内の大都市圏から来る観光客に愛され、支持される努力をすることが、インバウンドを成功させる力の源泉になる」のですから、国内の観光客の足取りが途絶えてしまうと、いくら努力してもインバウンドによる需要喚起はできなくなります。

「儲けられるうちに儲けよう」という発想は、目先では経済的な利益を増やすことにつながっても、決して持続可能《サスティナブル》なものではありません。これからの日本にとって必要なインバウンドは、もっと長期的な視点で考えるべきものなのです。

補助金依存のインバウンドのリスク

補助金や助成金に依存したインバウンドも長続きしません。一般的に補助金は、それを受けるにあたって申請をし、審査を受ける必要があります。これに対して助成金は、一定の要件を満たせばもらえるというものです。いずれにしても、国や地方公共団体から支給される返済不要の資金です。

インバウンド関連でもいくつかの補助金の類があります。

「宿泊施設インバウンド対応支援事業補助金」
「商店街インバウンド促進支援事業補助金」

ほかにも国や地方自治体が出している補助金の類はたくさんあります。補助金ですから、それを受けるにあたって申請をし、審査を受ける必要があるものの、何しろ返済不要の資金が得られるわけですから、誰もが受けたいと思うのは自然のことです。

ただ、それだけに補助金事業には、いくつかの問題点があります。

まず、事業計画が甘くなります。ビジネスを継続していく上で必要な資金は、投資家（VC）

や銀行など外部から調達することによって初めて、ガバナンスが効いてきます。借り入れた資金を返済する義務があるからこそ、ビジネスに関わっている人たちは、緊張感をもって、ビジネスで一定の利益を上げようとするのですが、補助金は返済義務が生じない資金なので、どうしても緊張感を失いがちになります。結果、事業計画が甘くなり、ビジネスが回らなくなるのです。

また、ゾンビ企業を生きながらえさせるだけという問題点もあります。ゾンビ企業とは、実質的に経営が破綻しているにもかかわらず、銀行融資や公的支援によって生きながらえている企業のことです。日本では１９９０年代、バブル経済が崩壊してからの金融危機などで、この手の企業の問題が取りざたされてきました。実質的に破綻している企業ですから、ほとんど収益は生み出しません。そうであるにもかかわらず、継続融資や公的資金の注入によって生きながらえさせているのは、この手の企業が破綻すると困る人がいるからです。破綻したら、その企業に資金を貸し込んでいる銀行などは、資金が回収できなくなった不良債権を、バランスシートに計上しなければなりません。当然、決算で大損が生じます。それを不都合だと思う関係者は、さらに資金を貸し出して、破綻しないように延命措置を講じるのです。

補助金は、前述したように返済義務の生じない資金ですから、経営に緊張感が持てないま、ゾンビ企業を存続させてしまうことにもなりかねません。確かにゾンビ企業でも、経営破綻すれば失業者が出るわけで、職を失う人にとっては大変な問題だとは思いますが、ゾンビ企業に補助金を提供し続けるのは、国や地方の財政にとって、決して良い話ではありません。これから人口減少社会に入り、特に生産年齢人口が減っていく世の中では、税収も減っていく恐れがあります。そういう時代背景のなかで、ゾンビ企業に補助金を出し続けるのは、税金の無駄遣い以外の何物でもないのです。

ほかにも、補助金に依存したインバウンドが陥りがちな問題はたくさんあります。

補助金で緊張感のない経営を行うことが常態化すれば、そこに真の競争は生まれません。結果、いつまでたっても〝本物〟が育たないことになります。

さらに言えば、補助金事業を食い物にする人々がいます。たとえば補助金をもらってインバウンド事業を行うとしましょう。それを地元の人々が連携し、自分たちでビジネスモデルを考え、実際にビジネスを立ち上げ、宣伝をして売り上げを伸ばし、きちっと利益を計上できるようになればよいのですが、そこまでできる人材が地元にいない場合、地方再生を専門にしているコンサルタントや中央の広告代理店に、アイデア出しやオペレーションを外部委託《アウトソーシング》しようとします。

でも、これで地元経済にどれだけのメリットがあるのかというと、おそらくほとんど何のメリットも生み出さないでしょう。この手のコンサルタントや広告代理店は、多くが東京に本拠を置き、そこからスタッフを派遣してくるので、上がった利益の多くは、結局のところ地元経済に還元されず、東京に吸い上げられてしまいます。しかも、こうしたコンサルタントや広告代理店に委託してしまうと、利益だけではなくノウハウまですべて持っていかれてしまい、気づくと地元には何のナレッジも残らないことになりかねません。

よく考えてみてください。インバウンド関連以外にも、これまでさまざまな名目で、莫大な資金が地方に配分されてきました。しかし、いまだに地方経済は衰退の一途をたどっています。つまり、これまで配分されてきた補助金の類は、地方経済の活性化にはほとんど役に立たなかったことを、何よりも雄弁に物語っています。インバウンドにしても、補助金に頼るだけでは、同じ轍《てつ》を踏むことになるでしょう。本当に大事なのは、補助金をもらうことではなく、利益を上げ続けられる〝仕組み〟を作ることです。それができなければ、いくら補助金をもらったところで、インバウンドビジネスを活性化させることなどできないでしょう。

「魚を与えるのではなく、魚の釣り方を教える」などと、よく言われます。インバウンドビジネスを盛り上げるにあたっては、安易に補助金に頼るのではなく、ゼロからビジネスを立ち上げ、それを回し続けていく方法を、真剣に考えていく必要があるのです。

このように書くと、補助金や助成金制度の批判ばかりをあげつらっているように聞こえるかもしれません。もちろん、こうした制度に一定の効能があるのは私も承知しています。実際、そうした助成金を受けることで事業が始まり、その後自立的な事業を営んでいる事例も、数こそ少ないものの、実在しているからです。地方には、潤沢な投資資金も投資家も、専門家集団もいません。そこに刺激を与え、物事が、地元の人々が動き出すきっかけは必要なのです。ただし、自立を促進する持続可能な公的資金の使い方の研究も同時に必要なのです。

バブル時の外客売上はどこへ

序章でも触れたとおり、インバウンドのバブルに沸いた2014年後半~2015年、大阪のミナミ、東京の銀座や新宿などの大商業地には、インバウンド系の観光バスが何台も連なって止まり、そこから大勢の中国人・韓国人・台湾人の皆さんが、ショッピング目的で降りてくる様子を、テレビなどのメディアを通じて、あるいは自分の目で見た経験を持っている方は少なくないでしょう。私も大阪のミナミや東京銀座などを歩いていた時、「ここは本当に日本なのか」という気持ちになったことがあります。

さて、彼らは観光バスを降りた後、どこに流れていったのでしょうか。

有名百貨店や、ユニクロなどの小売店、あるいは近くにある飲食店で日本の料理に舌鼓を打つ、と思っている方が大半だと思います。もちろん、そういう過ごし方をしている人もいるでしょう。でも、観光バスで連れて来られた団体の外国人観光客の多くは、ガイド氏の指示に従って、小さなビルの一室（近年は目抜き通りに進出する事例も！）などに招かれていきます。そこは「特殊免税店」という、それこそグーグルで検索しても出てこない特殊なお店です。もちろん、私たち日本人がそこに入ることは憚《はばか》られます。何しろ、看板も出していないようなお店なのですから。

特殊免税店とは、どういう存在なのかということを、簡単に説明しましょう。

確かに、2015年にかけて、外国人観光客の訪日熱は大いに高まりました。だからこそ、訪日外客数が過去最高を記録するまでになったわけですが、当時、円安が進んでいたとはいえ、ランドオペレーターが手配するバス・宿泊代・飲食費などの仕入れ価を正規の値段で積み上げていくと、最終的に訪日客が負担する旅費が極めて高いものになりました。ちなみにランドオペレーターとは、海外の現地主催旅行会社からの依頼を受けて、日本国内の旅行先のホテルやレストラン、ガイドなどの手配や予約を専門に行っている事業者のことです（Landとは地上のことで、Airすなわち飛行機から訪日客が地上に降り立った後、国内オペレーション＝各種手配をする人という意味）。

いくら日本が中国にGDPで追い抜かれたとはいえ、また、デフレの時代が長く続いたとはいえ、日本の物価は総じて中国に比べると（上海や北京等の都心を除けば）まだまだ割高です。一定水準のホテルやレストランなどを用意すれば、旅行代金はそれなりに高価なものになります。

一方で、地方の中国人の所得水準は、日本人のそれに比べて低いので、相対的に見ても、訪日旅行はそれなりに割高なものになります。また、日本以外の目的地《デスティネーション》である近隣の韓国や台湾・タイ・マカオなどへの渡航費や滞在費は総じて、日本よりもはるかに割安です。旅行会社としては、日本に少しでも多くの中国人を送り出したいところですが、あまりにもランド費用が高くなると、それも難しくなります。そこで旅行会社は、ランドオペレーターに支払う手数料を大幅に削減することにしました。

下請けとして、国内手配を受注する側のランドオペレーターは、当然損をします。その損は、どこかで補てんし、そしてさらに儲けない限り、彼らの商売のうまみはありません。そこで生まれたのが特殊免税店です。ランドオペレーターは観光コースを考えて主催旅行会社に提案し、ホテルやレストランを手配する際、そのコースの中に特殊免税店を組み入れ、そこで訪日観光客に買い物をさせるのです。（中国政府は２０１３年10月１日から「旅遊法」を施行し、ツアー客の事前同意なしに、勝手に特殊免税店等への立ち寄りを禁止しましたが、実態においては脱法すれすれの抜け穴策がいくらでも存在したようです）

そして、ランドオペレーターは、最初に損した分、特殊免税店から破格の高率キックバックをもらい、調整をするという具合になります。ちなみに特殊免税店は日本人が経営している例はほとんどなく、中国系、台湾系、韓国系の皆さんが3大勢力となっていました。

「いました」と過去形を用いているのは、今では特殊免税店の経営そのものが非常に苦境に立たされており、店を畳むところが増えているからです。かつてのように、中台韓の3大勢力が覇《は》を競い合う状況ではなくなりました。そのくらい、団体メインのインバウンド需要は落ち込んでいるのです。中国政府による綱紀粛正＝ぜいたく禁止令の一環で、無用な、そして不要不急な役人の海外渡航が厳禁され、訪日視察旅行が大幅に減ったのも、追い打ちとなったようです。

実際、かつてどのくらい特殊免税店が売り上げていたのかというと、一説には日本のインバウンドGDPのうち1兆円ぐらいはあったといわれています（もちろん、税収にはなりにくい闇の売上です）。また、たとえば30人規模の団体客で、150万円から200万円の儲けが上がっていたようです。しかし、このビジネスモデルは、団体訪日外国人観光客が日本で使うお金が少なくなったことによって、崩壊寸前にまで追い込まれたと考えられます。

また、特殊免税店がどのような商品を扱っていたのかという点は、気になるところです。彼らは、メイド・イン・ジャパン（日本製）を謳《うた》っておきながら、外箱だけが豪華で中身はクオリティの低い粗悪品（主に健康食品や化粧品）を販売していました。当然、「日本製品＝ハイクオリティ」というイメージは崩れてしまいます。しかも、売られている商品には、ランドオペレーターおよびガイド（ほとんどの場合無資格）氏へのキックバック分が確実に上乗せされているので、値段は非常に割高です。割高で、クオリティの低い商品を販売されたということになったら、それは日本のインバウンド需要にとって、ネガティブな要因になります。

特殊免税店も、インバウンド・バブルを背景にしていたからこそ成り立ち得たビジネスモデルでした。なお、最近はＳＮＳの時代です。微信《ウェイシン》（WeChat：中国大手ＩＴ企業の無料メッセンジャーアプリ）などの情報によってアンフェアな商法は即座にばれてしまうようになったのです。特殊免税店のからくりも店内に連れて行かれて瞬時に暴露されてしまうのです。

そこで、この手のビジネスモデルが、すでに通用しないことを察知した一部の賢明なアジア系、特に中国系のランドオペレーター各社は、ビジネスモデルの転換を行っています（かつて大活躍していた無資格ガイド諸氏は今続々と帰国しているようです）。これまで団体観光を中心にして、訪日ツアー客を大型バスに乗せ、大阪ミナミや銀座や新宿などの大商業圏で爆買いをさせていたのをやめ、今度は個人旅行（ＦＩＴ）に焦点を当て始めたのです。中国の大手ＯＴＡ（Online Travel Agent、ネット系旅行会社）等と組んで、個人客を呼び込む戦略です。彼らは大型観光バスを売却して小型バスや高級ワゴン車に切り替え、日本のさまざまな体験型アクティビティを開発するようにさえなりました。たとえば、寿司づくり体験、冬は雪山でスキー、あるいは春に日本の田植えを経験してもらうなどといったようなアクティビティを組み合わせたツアーを企画することで、付加価値を高めた個人旅行＝小グループのランドオペレーションを提供するようになりつつあるのです。また、日本で活躍している非日系のランドオペレーター各社の中にも、そもそも上述したようなグレーなビジネスに一切手を染めずコンプライアンスに基づいたまっとうな商売を一貫して行ってきた企業は多いのです。彼らは一般社団法人アジアインバウンド観光振興会［略称ＡＩＳＯ］という団体を興し、政府の取り組みに先んじて訪日旅行のルール作り、不法ガイドの排除、粗悪な格安団体旅行の排除に尽力してきています。

いずれにせよ、先ほど述べたような、彼らの商魂たくましい変化対応ぶりを見れば、海外からの観光客を受け入れる私たち日本の側も、インバウンドに対する認識を変えていかなければならないことに気づくでしょう。日本で爆買いをしてもらい、目先の利益を得るというのではなく、個人旅行で日本を訪れる外国人観光客が満足し、リピーターになってくれるようなサービス、付加価値の提供を考える必要があります。そこに、日本のインバウンドビジネスが成功するカギが隠されているように思えるのです。

ＦＩＴ（個人旅行）の流れに乗り遅れるな

前述したように、これから日本を訪れる訪日外国人観光客の主流は、ＧＩＴからＦＩＴに変化していきます。ＦＩＴは個人旅行（Foreign Individual Travel）であり、ＧＩＴは団体旅行（Group Inclusive Travel）のことです。

従来の訪日外国人観光客は、ＧＩＴが主流でした。大型観光バスをチャーターし、主催旅行会社があらかじめ決めた場所に団体で訪問するというスタイルです。ＧＩＴを相手にしたインバウンドビジネスならば、ホテルやショップ、ドライブインなどは、ランドオペレーターやツアーガイドに手数料やマージンを支払っておけば、団体客を送り込んでくれます。つまり、ツアーの立ち寄り地にショップやドライブインを、宿泊先にホテルを組み込んでくれたのですが、ＦＩＴが中心になると、そうはいきません。個人が自由に訪問先を決めて旅行に出かけるわけですから、ランドオペレーターやツアーガイドの出番はありません。

ところが今でも、ＧＩＴへの対応だけを前提にしたインバウンドの体制を崩すことができず、ＦＩＴへの対応が遅れている観光地が、かなりあります。これもインバウンド・バブルの後遺症といってもよいでしょう。でも、これからの時代においては、もはやＧＩＴは時代遅れのものになりつつあり、着実にＦＩＴが主流になっていくはずです。

ＧＩＴからＦＩＴへの流れは必然といってもよいでしょう。

誰でも最初の海外旅行は不安なので、ガイド付きで、決められたルートを大勢の同胞たちと回るスタイルの旅行を選ぶわけですが、日本への旅行も2度目以降になると、団体旅行では満足できなくなります。本来、旅行の楽しみは、自分の好きなところに行けることにあります。そうであるにもかかわらず、旅行会社があらかじめ決めたルートに沿って、ガイド付きで回るだけでは、行動の自由がなくなるので、物足りなくなるのです。また、初回は友人や仕事仲間でツアーに参加した人々も、2回目以降は家族（子供連れ）や恋人と参加するようになります。団体旅行では、わがままな（ニーズがばらける）要望に対応できなくなるわけです。

もちろん、団体旅行の場合は、規模の経済が生きてくるので、一人あたりのコストを下げることができるため、全体で見れば旅行代金は割安になりますが、所得水準が向上すれば、ある程度、旅行代金が高めでも問題はなくなります。そして、シンガポールや香港、韓国や台湾などの国々においては、まさに所得水準が年々上昇しているため、訪日観光旅行もＧＩＴよりはＦＩＴを選好するケースが増えています。ＡＳＥＡＮ諸国でも実質ほとんどノービザとなっており、もはや旅行代理店を通してビザを取得する必要もなくなっているのです。

このように、すでに個人旅行が主流になっているにもかかわらず、肝心の観光客を出迎える側がＧＩＴだけを前提にしているようでは、訪日外国人観光客を満足させることはできません。

では、ＦＩＴが主流になる時代において、どのようなインバウンド戦略を考えればよいのでしょうか。

国内におけるビジネスは、どの企業も日々、地域内での競争に明け暮れています。近隣の同業他社は言うに及ばず、隣の温泉地、隣の観光地もすべてライバルという関係にあります。しかし、インバウンドビジネスにおいては、地域内の全員が味方という関係になります。一人でも多くの外国人観光客に来てもらおうとするならば、まずは海外の競合国に競り勝って、「日本」の魅力を訴求する必要があります。いうなれば、国家間の競争に足を踏み入れることになるのです。

次に、日本国内でも自分たちの地域を訪問先に選んでもらうためには、そのエリア全体が魅力的でなければなりません。したがって、必然的に地域内での競争よりも、連携を重視する必要が生じてきます。

さらに言えば、ＧＩＴからＦＩＴへと旅行形態のトレンドがシフトしていくなかでは、今まで以上に〝地域連携〟の持つ意味が重くなってきます。前述したように、ＦＩＴでは個人が自由に旅行先を決めて移動しますし、ひとつのショップや食事処のためだけに、わざわざその地域に足を運ぶこともないからです。ランドオペレーターやツアーガイドに手数料やマージンを払って送客してもらうことが期待できないのですから、地域で連携をし、地域全体の魅力を向上させる努力が必要になります。FITを主流としたインバウンドビジネスにおいては、GITとは真逆な発想で、戦略を練る必要があるのです。

ちなみに、私が代表を務めるジャパンインバウンドソリューションズ（JIS）のグループ企業であるドン・キホーテは、GITではなくFITを前提にしてインバウンドビジネスを考えてきました。というのも、ドン・キホーテの店舗戦略が、そもそもGITには向いていなかったからです。一度でもドン・キホーテの店舗にお越しいただいた経験をお持ちの方ならお分かりいただけると思いますが、ドン・キホーテの商品ディスプレイは圧縮陳列を売り物にしています。圧縮陳列とは、売り場［買い場］を多種多様な商品で埋め尽くし、お客さまには宝探しの楽しさを感じ取ってもらい、購買意欲につなげるという、ドン・キホーテの安田隆夫創業会長が1989年に考え出したビジネスモデルです。

店舗面積も限られているので、そもそも外国人観光客が団体で訪れやすい場所でないのは明らかです。そのため、ドン・キホーテは8年前から、すでにFITを前提にしたインバウンド戦略を考えていました。当時はまだ、中国人には個人ビザを発給していない時代です。その時点ですでに、日本のインバウンドの主流はGITからFITに移行するという見通しの下で、訪日外国人観光客を呼び込むための戦略を立案していました。この点は間違っていなかったのだと、今改めて思います。

日本全国を歩いて見て回ると、今もまだ団体旅行だけに大きく依存している地域がありますが、今はまだ良くても、10年後、20年後を考えれば、その手の地域はインバウンドの時流に乗り遅れている恐れが非常に高いでしょう。そうならないようにするためには、今のうちからＦＩＴを視野に入れたインバウンド戦略を練る必要があるのです。

「来てください！　来てください！」だけのワンウェイ・インバウンドのリスク

インバウンドというと、訪日外国人観光客にばかり関心がいくと思います。いかに日本に外国人観光客を誘客するか、日本の中でも自分たちの地元に、どれだけ多くの観光客に来てもらうか、ということにばかり執着してしまいがちですが、インバウンド観光は、一方的に日本に旅客を誘致するだけでは持続しません。インバウンドとともに、アウトバウンド（日本から海外に出かけること）も同時並行的に増やす必要があるのです。

果たして、現状はどうでしょうか。直近の円高の追い風もあって２０１６年の上期こそ前年を上回っているものの、実は今の日本において、この数年間アウトバウンドは長らく低迷しています。

最近よく言われるのが、若者の海外旅行離れです。私が学生だった頃は、卒業旅行と称して海外旅行に出かける学生が大勢いました。私を含め周りの友人のほとんどが、アメリカやヨーロッパ、アジアなどに出かけていったものです。もちろん、学生時代にも積極的に海外旅行に出かける友人は大勢いましたし、それも団体旅行ではなく、バックパックひとつを背負って、完全フリーの個人旅行に出かけるバックパッカーと呼ばれる人も大勢いました。1980～1990年代に刊行された、沢木耕太郎というノンフィクション作家が書いた『深夜特急』という作品が人気を集めたことも、学生の海外旅行熱を高めたのだと思います。

でも、今の学生は卒業旅行でさえ海外に出かけたがらないようです。一部では、SNSの発達やグーグルマップなどで手軽に海外の路地裏の画像までもが見られるようになり、現地に行かなくても行った気になれるからといった点を、その理由として指摘する声が多く聞かれますが、果たしてどうなのでしょうか。

ただ、実際の数字を見ても、日本から海外に出かける人は減っているのが分かります。

法務省（入国管理局）の「出入国管理統計」によると、日本人の出国者数は、海外旅行が自由化された1964年が22万1309人。その後、年々増加傾向をたどり、2000年には

1781万8590人にまでなりました。しかし、それがピークで、そこからは減少傾向をたどり始め、リーマンショック後の2009年には、1544万5684人まで減少しています。そこから若干持ち直し、2015年は1621万3763人まで増えていますが、それでも2000年のピーク時には及びません。

次に外務省が発表している「旅券統計」の数字を見てみましょう。つまり、パスポートの発行冊数がどの程度なのかを見れば、海外旅行に出かける意欲の度合いが分かります。過去の時系列を追うと、1996年がピークで623万6438冊。そこから減少傾向をたどり、2003年には272万1029冊と半減以下になります。そこからは増えたり減ったりを繰り返しており、2015年時点では324万9593冊となりました。パスポートの発行冊数を見る限り、日本人の内向き志向は深刻なようです。

仮に、アウトバウンドがどんどん縮小していくと、どんなことが起こるでしょうか。たとえば国際航空路線は、日本からのアウトバウンド旅行者が減ると、赤字路線になるところが出てきます。資本主義の論理からすれば、赤字路線を維持することはできないので、早晩、撤退ということになります。実際、多くの地方路線は、インバウンドこそ増えているものの、アウトバウンドの鈍化に悩んでいます。

したがって、インバウンドは自国に観光客を誘致するだけでなく、双方の国がパートナーとなり、お互いに観光客が行き来する環境を整備することが肝心です。そして、インバウンドとアウトバウンドの双方で交流人口を増やすことが、持続可能《サスティナブル》なインバウンド戦略へとつながっていくのです。

実際、私が2016年の7月に台北世界貿易センターで開催された、第2回「Touch the Japan」の交流会会場で基調講演を行った際、台湾側の登壇者が口々に訴えていたのは、日台間のツーウェイ・ツーリズム（双方向交流）の重要性でした。日本の地方空港に飛ばす航空路線の往路はおおむね台湾人客のみ。復路に日本人客は乗ってこない。ガラガラ。彼らは地元自治体等の補助金があるうちは飛ばせる。でも採算がとれなくなれば、飛ばせなくなるわけです。

羽田や成田や関空に加えて、地元の地方の日本人客が復路の飛行機に乗ってくれないと、地方路線の維持はこれから難しくなるという訴えだったのです。地方創生に資する、訪日外国人観光客の地方への拡散を支えるのは、まさにツーウェイ・ツーリズムなのだと改めて思いました。これは決して台湾との間の話にとどまるものではありません。韓国・中国・香港・ASEAN諸国等、すべての国際路線にいえることだと思われます。

視座 Column 2

民泊解禁、その課題と波及効果

国家戦略特区における外客向け民泊解禁の議論が活発になってきた。東京都大田区では、条例成立と政府のお墨付きにより、2016年1月には民泊が条例により合法化された。一部には2016年度中に全国で解禁、という勇み足の報道も見られたが、全国での全面解禁は時期尚早のようだ。解禁に向けては、①衛生・安全の確保、②ゴミ・騒音等による近隣住民とのトラブル防止策、③既存宿泊施設との公正な競争環境確保などが必須となる。実際、同区の条例では、宿泊期間は6泊7日以上であること、事業開始前の近隣住民への周知義務、区の立入検査権限、周辺住民向け苦情窓口設置などが盛り込まれているという。

羽田空港を擁する大田区はホテルの需給が逼迫《ひっぱく》しており、現状の区内のグレーな民泊営業の実態を踏まえて制度化し、管理可能化した。同区の取り組みは一面においては規制緩和であると同時に、消費者（外客）保護の視点・地域住民の生活環境保護のために必要な規制を新設・強化している点で高く評価されてよい。解禁・合法化により、きちんと取り締まれるのだ。

民泊解禁の動きは特区にとどまらず、全国規模で拡大適用していきたい。ただし、対象地域は外客急増に追いつかない大都市圏は別として、既存の旅館や観光ホテルと直接競合しかねない観光地やリゾートより、むしろ宿泊施設の絶対数が足りない地方、特に〝田舎〟に選択的に広げていきたいと強く思う。

世界的に見ても、たとえばエアビーアンドビーはすでに各国で普及し、多様な宿泊形態を求める人々に広く支持されている。過日、私も家族でドイツの田舎に1週間民泊した。2LDKの屋根裏階の瀟洒《しょうしゃ》な貸部屋はキッチンも付いていたので、家内が街で買い物してきて簡単な朝食を作ってくれた。夕食は毎晩美味しい地ビールとともに街の料理屋で楽しんだ。白夜、窓からは隣家で開かれていたバイオリン演奏会の様子が見えた。町の夏至祭にも参加できた。まるで当地で暮らしているかのような、生涯忘れえぬほどに楽しい日々だった。

ドイツでは休暇用貸住宅は一般的で、自宅の一部をDIYでリフォームして旅人に貸し出している。日本同様ドイツの田舎に十分なホテルはない。一年間に30日も有給休暇のあるドイツでは、実に多くの人々が休暇中に長旅に出かける。こうした廉価な長期宿泊施設制度が不可欠なのだ。

私は目下社業と別にＮＰＯによる「国際おもてなし認証」を宿泊施設等に付与する審査活動をボランティアで行っている。各館の地域連携度も審査の重要項目だ。外客の急増で客室数が不足するなか、一部には便乗商法的に狭小な客室で低質な接客をしながら法外に高額な宿泊料金を取るビジネスホテルも出てきた。これでは持続可能とはいえない。こうした行為は当該地区のブランドだけでなく日本全体のブランドを下げかねない。民泊だけではなく、ホテルや旅館においても、単に合法・認可済みというだけでなく、宿泊品質の格付けがそろそろわが国においても必要ではないか。民間版認証だけではなく、公的な宿泊サービス品質認証取得の義務付けも２０２０年五輪開催に向け、議論すべきだと思う。

民泊解禁は外客の地方拡散を力強く後押しするだろう。地方では空き家対策も喫緊の課題だ。高齢者等の新たな所得機会創出にもつながる。最新の欧米のトレンドは「ロビー・ソーシャライズ」。宿泊施設のロビーが自館宿泊者にだけでなく、地域に開放され、コミュニティの交流拠点にもなっているという。民泊解禁とともに、今まさに既存の宿泊施設全体のおもてなしの進化と深化が迫られている。

第2章

インバウンドの進化が、地方を元気にする！

インバウンドの時代区分

日本におけるインバウンドがこれまでどのように進化・進展してきたのか。そしてこれから先、これがどのようにさらに展開していくのか。この点について、この第2章でまとめておきたいと思います。インバウンドの各段階の時代区分については、すでに前著『観光立国革命』(カナリアコミュニケーションズ)において言及していますが、これから説く「インバウンド4・0時代」を理解していただくためには、やはりこの時代区分について、今一度、改めてしっかり述べておきたいと思います。

【インバウンド1・0時代】2003年4月〜2014年9月

2003年、当時の小泉純一郎首相が施政方針演説で「観光立国」について言及したことをきっかけに、この時代がスタートしました。(実際、この観光立国宣言以来、日本中の大学に観光学部、観光学科・観光コースが設置されたりもしました)

ただし、この頃はまだ「インバウンド」という言葉がほとんど一般化されておらず、この時代のインバウンドの担い手は、私が「狭義《きょうぎ》の観光」と呼んでいる特定領域の事業者の皆さんにほぼ限られていました。なお、〝狭義〟の観光事業者とは、すなわち、航空会社、鉄道・観光バス・タクシーなどの運輸事業者、ホテル・旅館などの宿泊施設、ランドオペレーター・旅行代理店、観光施設などの事業者を指しています。

またこの時代のインバウンドは同時に、行政の皆さん中心のものでもありました。中央では国土交通省・日本政府観光局（JNTO）、地方では各自治体や各地の観光協会等による誘客プロモーションが行われ、海外の観光旅行博覧会への出展、海外メディアや海外の旅行会社招請《しょうせい》（ファムトリップ）をメインとした事業が行われていました。訪日客の増加が見込める国や地域を「プロモーション重点国・地域」と定め、国費や県／市町村の公費などの税金を投じて、特定地域でインバウンド観光の振興に取り組んでいました。行政が主導して、狭義の観光業界がそれにけん引されている時代だったのです（流通小売業界では、わがドン・キホーテなど一部の事業者を除けば、積極的にインバウンドに取り組んでいる企業はほとんどなかったのです）。

こうした一連のキャンペーンが「ビジット・ジャパン・キャンペーン（VJC）事業」と呼ばれるものです（これはもちろん、今も継続されています）。

ちなみに訪日外客数は、VJC事業がスタートした2003年の総数が521万1725人でしたが、2013年には1036万3904人とほぼ倍増しました。インバウンド1・0の時代のちょうど中期（2008年10月1日）には、観光庁も発足しました！

そして、このほかにこの時代を特徴づけていたのは、

・主要大都市圏中心、特定の観光地中心（たとえば、京都・心斎橋筋・浅草等）
・団体旅行（GIT = Group Inclusive Travel）中心
・紙媒体／ウェブ中心のプロモーション
・受け入れ環境整備は後手後手

というようなものでした。

【インバウンド2・0時代】2014年10月1日〜2020年7月21日

いわゆる〝爆買い〟現象が、このインバウンド2・0時代の始まりとともに発生しました。しかし実のところ、この爆買い現象は上述のとおり、インバウンド2・0へのバージョンアップにともなう一過的現象に過ぎませんでした。

ただし、この時期に訪日外客数は、2014年が1341万3467人から、2015年が1973万7409人へと飛躍的に増えました（なんとわずか一年で一気に47％増！）。

前述したように、2014年後半から2015年にかけて、アベノミクス効果等によって

円安が進んだことによって、外貨はその購買力を高め、訪日外国人観光客の急増と、爆買い現象につながりました。読者の皆さんの中には、それにしても、そもそもなぜインバウンド2・0という時代が、ぱきっと、2014年10月1日から始まったと断定できるのだろうと、疑問を持った方もいらっしゃるかもしれませんね。その答えは明確です。なぜなら、ずばりこの日を境に、訪日外客を対象にした「消費税の免税制度」が実に62年ぶりに改正されたからなのです。これにより、「全品免税」が実現し、インバウンドを取り巻く環境が激変したのです。

日本は、新興国・中進国の多いアジアの中で際立ってハイレベルの先進工業国（ものづくり大国）です。そして日本は、地方ごとに固有の食文化・生活文化が息づき、地酒を筆頭に各地に名産品が豊富にある国です。しかしわが国においては、戦後まもなく物品税の免税制度ができた時の法令の中身が、1989年の消費税の導入時にもほとんど変更されず、そのままキャリーオーバーされてしまったのです。そしてその結果、欧州・豪州などの先進観光大国と違って、消耗可能品（食品・お酒・お菓子・化粧品・薬）などは免税にならない時代が続いたのです。時計やカメラなどの一般物品は免税、一方それ以外は免税にならない。これでは、訪日時のショッピング（もの消費）の楽しさは半減し、外客による買い物額も低くとどまっていたのです。

これが、2014年10月1日から、一定の条件のもとで国内の全物品が免税の対象になったのです。これにビザの発給条件の追加緩和や、アジアからの訪日客の所得上昇、日本製品に対する信用度の高まりなどの要因が重なり、〝爆買い〟ブームに一気に火がついたのです。時代は大きく変わりました。免税店も一気に拡大（2016年4月1日時点の免税店数は、全国で3万5202店。2年前の5777店から、実に6倍増）したのです。

また、このインバウンド2・0時代は、同1・0時代と異なり、私が「狭義のインバウンド」と名付けた、国土交通省を中心に運輸事業者、ホテルや旅館などの宿泊施設、旅行会社という観光業者だけでなく、より幅広い業界の皆さんがインバウンドビジネスに関わるようになりました。具体的には大型商業施設や小売りチェーン、IT企業、サービス産業などが該当します。インバウンド2・0の時代に登場してきた、これら新しいインバウンドビジネスの担い手たちを、私は「広義のインバウンド」事業者、「広義の観光」事業者と呼んでいます。

なお、既述のとおり、インバウンド1・0時代とインバウンド2・0時代とでは、外客の訪問先にも大きな変化が見られました。インバウンド1・0時代は、大都市圏、そして京都、富士山という、特定観光地や「ゴールデンルート」と呼ばれる東京、箱根、富士山、京都、大阪などを巡るルートに限定されていたのですが、インバウンド2・0時代になると、大都市圏や定番ルートにとどまらず、温泉、日本の伝統文化体験、雪遊びなどを求め、大都市圏、有名観光地以外の地方を訪れる外国人観光客が急増したのです。

旅行の形態も、団体旅行（GIT）中心から個人旅行（FIT）中心へと軸足が移り始めました。訪日プロモーションもウェブ中心からSNS中心に大きくシフトし始めています。

【インバウンド3・0時代】2020年7月22日〜
——訪日客4000万人、インバウンドGDP8兆円目標

では、来るべきインバウンド3・0の時代は、どんな時代になるのでしょうか。それは、特定産業ではなく、日本の全産業・全企業、そしてすべての行政機関すなわち全中央省庁、地方においては、全都道府県・市町村の部局がインバウンドに関わる時代。総合政策の時代。それゆえ、首長のリーダーシップが問われる時代です。また、インバウンドに職業として関わるプロの人々だけではなく、全市民、すなわちおじいちゃん・おばあちゃん、子供たちまでがインバウンドに興味と感心をもって外客をおもてなしする時代。日本の全47都道府県、1718ある全市町村にインバウンド客が訪れる可能性のある時代。まさにインバウンドが基幹産業となる時代なのです。ちなみに、政府は2020年には訪日外客4000万人、インバウンドGDP8兆円を目指しています。

しかし、このインバウンド3・0の時代は、向こうからひとりでにやって来たりはしません。私たちが力を合わせて挑み、その実現を勝ち取るしかありません。

現在は、インバウンド2・0時代の前期といえるでしょう。日本各地を実際に見て回ると分かるのですが、インバウンド2・0時代といっても、その概念があまねく日本全国津々浦々にまで浸透しているわけではありません。地方に行くと、いまだにインバウンド1・0にさえたどり着いていないところはたくさんあります。(「えっ、インバウンド。何それ。うちには関係ないよ！」というような反応の町は、残念ながらいまだにざらにあるのです)

したがって、今まさに私たちは、このインバウンド2・0の概念を日本全国に伝播すべく、官民の総力を挙げてインバウンド3・0時代の実現に向けて本気で取り組んでいく必要があります。そして、インバウンド2・0時代からインバウンド3・0時代にメジャーバージョンアップを図るための戦略と実践的な戦術が必要になります。

具体的に、インバウンド3・0時代をいつまでにスタートさせるのか、という問いについて、私は東京オリンピック・パラリンピックのその最初の試合（サッカー）が開始される2020年7月22日を目途と考えています（開会式は7月24日予定）。何しろ東京オリンピック・パラリンピックには、世界各国から選手団やメディア、応援団が駆けつけますから、さまざまな形で日本が世界中に発信されます。日本の魅力を海外に伝える、千載一遇のチャンスといってもよいでしょう。日本の観光立国革命を起こす一大好機なのです。

前著『観光立国革命』で著したとおり、これからは観光概念そのものの見直しが必要です。私たち、日本人は「観光」と聞くと、反射的にこれをレジャー（余暇活動）とだけ狭くとらえてしまいます。ところが、たとえば国連の世界観光機関（ＵＮＷＴＯ）が定義する観光（travel & tourism）はもっと広い概念です。レジャーはもちろんその大きな部分を占めています。しかし、それだけではありません。国際会議・見本市・報奨旅行などのビジネス出張や、ＶＦＲ（友人親族訪問）などもまた、観光なのです。すなわち観光とは本来、人々が日常生活空間を超えて移動し交流する、すべての活動を指すとても大きな概念なのです。まず、観光の概念そのものに革命を起こしていく必要があるのです。

それゆえ私は、まさにインバウンド３・０の実現を、〝観光立国革命〟と呼んでいるのです。

【インバウンド４・０時代】２０３０年までに！
――訪日客６０００万人、インバウンドＧＤＰ15兆円目標

インバウンド３・０は、もちろん最終ゴールではありません。これもまた通過点でしかありません。

まずは、2020年7月の東京オリンピック・パラリンピックまでに、日本のインバウンドを2・0から3・0へとバージョンアップさせる。それによって、日本の全産業、全省庁と全地方自治体、そしてプロのみならず全国民が「これからはインバウンドの時代である」ことを強く自覚し、主体的に関わっていく。こうしたインバウンド3・0時代の先には、さらにもう一段のバージョンアップを果たした、インバウンド4・0の時代が来ると、私は考えています。インバウンドが地方創生の切り札となる時代です。

したがって、インバウンド4・0戦略は、日本という国の生き残りをかけた戦略といってもよいでしょう。

総務省の人口推計によると、日本の人口がピークを記録したのが2008年で1億2808万人でしたが、インバウンド3・0にバージョンアップされる2020年の人口は、1億2410万人と推計されています。ピーク時に比べて398万人も減少しているのです。

そして、そこから先も人口は減り続け、2060年には8674万人まで減少するとみられています。ピーク時に比べて4132万人減です。これに対して何の対策も講じなければ、日本経済はとてつもなく大きなネガティブインパクトを受けることになるでしょう。だからこそ、インバウンド3・0をインバウンド4・0にバージョンアップする必要があるのです。

仮に、何の対策も講じないまま人口がどんどん減少していったら、この国はどうなるでしょうか。間違いなく、日本のインフラは維持できなくなるでしょう。なぜなら生産年齢人口が大幅に減少していくからです。

生産年齢人口とは、15歳以上64歳以下の人口を指しています。簡単に言えば、働き、そして稼いでいる人たちの人口です。人口がピークをつけた2010年時点における生産年齢人口の比率は、63・8％でした。また高齢化率といって、65歳以上の人口比率を示した数字は、同年で23・0％です。

これが、2060年にはどうなるのかというと、生産年齢人口の比率は50・9％まで低下する一方、高齢化率は39・9％まで上昇します。当然、高齢者が増える分だけ医療費などの社会コストは増加する一方、税金が減る恐れがあります。生産年齢人口の減少は、働いて納税する人たちが減ることを意味しますし、同時に経済の活力も失われますから、企業が利益の一部を納税する法人税も目減りしていくはずです。もっと言えば、労働人口が減ればGDPも減っていくし、生産性も落ちていくわけです。

こうした人口減少にともなうネガティブな影響に立ち向かい、これを克服するための策が、インバウンド戦略なのです。

インバウンド4・0時代は、広義のインバウンドが定着しているのはもちろんですが、ただの訪日観光客だけではない、日本に定住する外国人が中央のみならず、地方部において増える社会を目指します。

現状を考えてみましょう。２００８年に文部科学省は「留学生30万人計画」を発表しています。国策に基づく支援措置もあって、海外から日本にやって来る留学生数そのものは、微増してはいます。独立行政法人日本学生支援機構（ＪＡＳＳＯ）によると、２０１５年５月時点の日本への海外留学生総計（大学・大学院）は10万８８６８人。まだまだ道のりは遠いのが現状であり、実際、欧米豪などに比べると、その数はほんのわずかなものです。たとえば、アメリカの留学生数は、74万４７５人（２０１２年）。圧倒的です。国外からの留学生数世界1位はアメリカ。2位イギリス。3位オーストラリア。これで分かるように、英語の汎用性こそが世界の留学生を引きつけるのです。実際、日本に来ている留学生の92・7％はアジアからやって来ています。アジア以外の地域からは、ほとんど来ていないのが実状です。日本語を学び、日本語で活躍する意思を持った人だけが来ているわけです。

しかし、そのアジアからの留学生が抱えている課題があります。

留学生が卒業後母国で就職するか、日本で就職するかという選択において、全体の85・3％が日本での就職を希望しているそうです。彼らが、日本で就職したい理由としては多い順に「留学経験を生かす」「語学力を生かす」「日本でキャリアを積む」などがあり、彼らは留学での成果を生かすことを、まず考えています。しかし、その中で実際に日本国内において就職できる人は、全体の3割に過ぎないのです。

日本の大学・大学院で学んでも、その先がないというのが、最大の問題です。外国人留学生が卒業後日本企業に勤める場合、当然日本の企業文化に馴染《なじ》まなければなりません。これが一苦労なのです。日本の企業（かなりの大企業でさえ、いまだにドメスティックな企業風土の中に安住しています）は、その内部から国際化を求められているのです。もちろん、この問題を解決するためには、大学・大学院側ないし、企業側の片側の努力だけでは足りません。欧米各国ではすでに一般化しているように、産学が協働し、卒業前（就学中）にインターンシップをしっかり行うことを通じて、外国人留学生を日本の企業文化に順応できるようにする必要があります。それとともに、企業側では組織内において多様性に向き合う努力が求められます。価値多様性《ダイバーシティ》の実現が重要になっているわけです。

たとえば、今私が経営しているジャパンインバウンドソリューションズ（JIS）では、中国・韓国・台湾・タイ・フランスなど海外国籍のスタッフが活躍しています。今や、わが社のスタッフは実に半分以上が外国籍となっています。彼らは、日本の大学・大学院で学んだことを生かして、インバウンド関連の専門家として活躍しています。大学生のうちに、インターンシップ生としてJISで働き、そのまま入社してきたスタッフも少なくありません。わが社は、ダイバーシティの尊重を、マネジメントの中核においています。

日本流を一方的に押しつけても、何も新しい価値は生まれません。他方、迎合だけしても問題は解決されません。双方向のコミュニケーションを通して、社内においてさまざまな価値観と本音で対峙すること（コンフロンテーション）によって、ＪＩＳは世界の価値観と向き合うことができ、それがそのまま社業の発展にもつなげられていると実感しています。もちろん、すべてが順調だったわけではありません。日々小さな文化摩擦は発生しています。今、完璧なダイバーシティが実現できているわけでもありません。ただ、その重要性を自覚し、異文化と向き合う《コンフロンテーション》精一杯の努力を続けてきているだけなのです。

訪日外国人客に加え、日本に留学する外国人学生が、そのまま日本の企業に勤めるようになれば、労働人口の減少を抑えることができます。ひいては、人口減少にともなう日本経済の衰退にも、少なからぬ力となって歯止めをかけることもできるでしょう。彼らが地方で働けば、地方創生にも寄与することになります。

インバウンドは、単に日本流の「おもてなし」で外国人観光客を喜ばせ、リピーターになってもらうというレベルの話ではありません。インバウンド２・０が進行している最中の現時点においては、それも戦略のひとつではありますが、本当のインバウンドは、もっと長期的な視点でこの国を本質的により良く変えていくことによって、この国の衰退を防ぐような、国家を挙げての「壮大な構造改革プロジェクト」だと思うのです。

「地方創生」はインバウンド振興から

講演や出張などで各地を訪れる際、かつて「企業城下町」と呼ばれた地方都市が気の毒なほど衰微した姿を見かけることがあります。中心商店街はシャッター通りに、郊外幹線道路沿いも元工場や廃屋などが並ぶゴーストタウンになり果てています（観光産業にとってはこの無残な姿そのものがマイナス要素です）。モノづくりは安い労働力と成長市場を追いかけ、国内外へ自由に移転可能です。経済合理性に基づいて産業資本は常に最適立地を求め、全国の自治体は今なお製造業の工場等誘致に一生懸命です。工場ができれば、雇用創出と固定資産税収が見込めるからです。しかし、もはやモノづくりは中国ですら人件費高騰などの理由で敬遠され、大企業のみならず中小企業でさえＡＳＥＡＮや南アジアをはじめ世界中に拡散しつつあります。こうして地方の工場はある日突然、地域から姿を消すのです。

一方、農林水産業はそうはいきません。先祖伝来の山林田畑、漁場から離れられません。その土地と海を離れてはやっていけないのです。そして観光産業も農林水産業と同じくその土地を離れることはできません。ご当地の歴史・暮らしや海や野山などの景観や食材などの観光資源と観光産業は不可分だからです。観光産業とはまさに地場産業そのもの。首都圏や京阪神の主要旅行会社の視点で見れば、ひとつの観光地のブームが終わって消費者（観光客）

に飽きられたら、別の観光地を商品化して売ればいいわけです。しかし、観光地側は違います。飽きられて終わりというわけにはいきません。ご当地を離れることのできない観光地側はそれゆえ、生き残りをかけて常に自らの固有性を掘り下げ、常に自己革新し続けなければならないのです。

「地方創生」とは、東京（および大都市圏）への一極集中を回避し、地方の人口減少に歯止めをかけ、結果として日本全体の人口減少を阻止し、わが国の活力を維持することを目的とした政策全体のことを指しています（2014年9月3日始動）。わが国は、すでに2008年をピークに人口減少局面に入っており、人口の減少幅は年々拡大しています。今後晩婚化・晩産化、そして非婚化が進むことが予想され、2015年の新生児出生数は100万5656人と実際に少子高齢化の傾向が進んでいるのです。ただし、人口減少は日本の各地域でまんべんなく生じているわけではありません。地方、特に中山間地では急速に人口が減っている一方で、2015年の東京圏への転入超過は11万9000人と4年連続して増加しており、東京一極集中の傾向は収まるどころか、むしろ加速しているのです。そして、2020年の東京五輪開催に向けて、この東京一極集中は今後さらに拍車がかかることでしょう。

日本政府は、「まち・ひと・しごと創生本部」を創設し、担当大臣を置いて、この地方創生政策を、本腰を入れて推進しようとしています。ひとつの地域からある一定以上の人口が消失し、若者が減っていけば、地域のコミュニティ機能も弱体化します。特に中山間地においては、すさまじい勢いで人口が減り、人々は平地の都市圏に流出しています。政府は地域（市町村単位よりもさらに小さい、平成の大合併前の旧小学校区単位程度）の子育てや介護、（買い物難民を救済するための）商店運営、農業生産などを協働で自主的にマネジメントする「地域運営組織」（国内494市町村に1680団体があるそうです）という概念を打ち出し、これを支援するメニューを生み出す計画です。

私は仕事柄、国内各地（特に中山間地）に出かけていくと、こうした深刻な状況を目の当たりにします。農業や林業で生計を立てていたこれらの地域は、産業のグローバル化・高度化・集約化の中で置いてきぼりをくらい、若者の就業機会が喪失し、高齢化による介護などの福祉費用をまかないきれなくなりつつあります。過疎地だけではありません。地方の大都市・中核都市においても同様の現象が始まっています。

国内観光市場という視点で見たとき、そうした特に特徴のない町や地域は、当然自分たちの町を「観光地」としては認識していません（私から見れば、宝の山とも思える地域も、自らの宝に気づいていないことが多いのです）。これからは、すべての町が世界の観光・交流客を呼び込み、そうした交流人口と定住人口の総体として自らのコミュニティを考えるような発想の大転換が必要だと思っているのです。

先ほど紹介したとおり、政府は「地域運営組織」を地方創生の拠点単位にしようと構想しています。私はこれらを独自にＣＭＯ（Community Management Organization）と名付けようと思います。このＣＭＯは今のところ、定住人口（地元住民）の生活インフラの基盤としてのみ想定されています。私はこのＣＭＯを、交流人口（旅行客、特に訪日客）の呼び込みと受け入れ機能を備えた日本版ＤＭＯ観光地運営組織（Destination Management/Marketing Organization）の役割を最初から組み入れた組織として支援していくことこそが、地方創生政策成功のカギだと思うのです（この後、戦術②で詳述します）。

それでは、インバウンド振興を通した「地方創生」実現のための戦術を、以下の5つの側面から具体的に論じてみましょう。

① 観光資源の発見、地域のアイデンティティー獲得
② 「地域運営組織ＣＭＯ」と「日本版ＤＭＯ」の一体的運用
③ 一世帯当たり、プラス年間１００万円の現金収入
④ 英語の通じる地域づくり
⑤ 縦社会からフラットな人間関係へ

【戦術①】——観光資源の発見、地域のアイデンティティー獲得

近代に入った後、日本の自治体は3段階で合併・統合されてきました。その第1段階は「明治の大合併」。1888年（明治21年）に7万1314もあった町村が5分の1に減り、第2段階としての「昭和の大合併」において、昭和28年に約1万あった市町村は3分の1に減りました。そして、今回のいわゆる「平成の大合併」によって、1995年に3234あった市町村数はさらに半減し、現在の市町村は、1718となっています。実に、このわずか百数十年の間に、日本の市町村の数は40分の1にまで整理され、統合されてきたのです。

かつてのコミュニティは広域行政に移管され、その結果、地域の主体性や歴史・生活文化は希薄化していきました。住民は自治の主体者というより、地方税を納めるだけの、そしてかつての隣町や遠隔地にある市役所や役場による住民サービスを受けるだけの存在に変化していきました。地域の観光資源といっても、大合併以前の旧隣町のそれなど知らないという住民も多いのです。

こういう時代である今こそ、旅人、とりわけ外国人観光客を意識することにより、地域のアイデンティティーを再構築・再認識するきっかけが生まれ得るわけです。生後何十年も暮らしてきた生活圏が一気に広がり、身近だった行政機構が遠くに移る。人々は体感できてい

たコミュニティ感覚を失い、ひいては自己像――「私は何者か?」という問いを自問せざるを得なくなっているケースも多いのです。

また、戦後の急速な産業構造・社会構造の変化にともない、人々は故郷を離れ、他の都市に移住しました。(かくいう私も、その一人です)。今や、生まれ育った町でそのまま大人になり死んでいく人の方が、むしろ少数派になりつつあります。今住む町・今働く町を「わが故郷」として自覚的に愛し、そのコミュニティの維持発展に参加している新住民の割合は残念ながら限られたものとなっています。

インバウンド振興の効能の第一は、世界の視点、外部の視点を持った訪日外国人を受け入れておもてなしすることを通して、またその振興を図るプロセスを通して、自らの町の観光資源を知り、磨き、そして自らのアイデンティティー(私は何者か?)の問いの解を見出し得ることだと思います。住民によるシティ・アイデンティティー、タウン・アイデンティティーの再認識・再獲得を通したシティ・プライド、タウン・プライド(今住む町への誇り)こそが、滅ばない町の第一条件となるからです。

【戦術②】
――「地域運営組織ＣＭＯ」と「日本版ＤＭＯ」の一体的運用

観光庁のホームページを見ると、日本版ＤＭＯ（観光地運営組織、Destination Management/Marketing Organization）とは、〈地域の「稼ぐ力」を引き出すとともに地域への誇りと愛着を醸成する「観光地経営」の視点に立った観光地域づくりの舵《かじ》取り役として、多様な関係者と協同しながら、明確なコンセプトに基づいた観光地域づくりを実現するための戦略を策定するとともに、戦略を着実に実施するための調整機能を備えた法人〉であると定義されています。ＣＭＯとＤＭＯの違いは、今住む町を、地域共同体（Community）としてとらえるか、観光目的地（Destination）としてとらえるかの違いでしかありません。インバウンド３・０、いやインバウンド２・０以降の時代において、日本の１７１８あるすべての市町村、すべてのコミュニティは、自分の町を、すべからく観光地（域外から訪れるだけの価値のある町）として自己認識すべきだと思います。

地域運営組織ＣＭＯは、住民の暮らしのインフラを支えるための組織ですが、この組織の主要構成メンバーが、インバウンド・マーケティングの知識を習得すれば、そのままＤＭＯ機能を複合的に担えるのです。私は、すでに全国の各自治体やＣＭＯとさまざまな交流をしていますが、まだこのＤＭＯ機能を兼ね備えたＣＭＯの事例には遭遇していません。今後全国各地の皆さんと、ぜひこうした取り組みを具体的に実践してみたいと考えています。

【戦術③】

——一世帯当たり、プラス年間100万円の現金収入

総務省が掲げている主要行政政策テーマは、「地域力の創造・地方の再生」です。地方創生は言うまでもなく、交流人口の流入だけでは実現しません。定住人口を増やしていかねばなりません。総務省では、たとえば「全国移住ナビ」のような情報サイトの構築、定住自立圏構想の推進、地方への移住関連情報の提供・相談支援の一元的な窓口としての「移住・交流情報ガーデン」の開設など、さまざまな施策を通して、都市圏住民の地方移住促進を図ろうとしています。また、農林水産省も、就農支援事業等を通して、地方移住を促進しようとしています。

しかし、どんな支援メニューがあったところで、人々の地方移住を思いとどまらせる要素は、何といっても収入の問題です。田舎の豊かな自然、廉価な生活コストは魅力ですし、農林水産業に従事すれば、生活の糧も得られます。しかし、都市圏並みの収入を地方で得るのはかなり困難です。

一方、都会においても、高い家賃や物価、子育てコストその他、収入も多いが同時に生活全般のコストも高いのが実態です。

ここで、インバウンド振興の出番が生まれます。たとえば先日、知り合いの、ある全国紙の幹部から耳寄りな情報を聞いたのです。その新聞社では、

「全国紙の地方版を発行する上で、地方局の記者をフルタイムで複数名雇用するのは難しいのです。それゆえ、地元の人々を対象にライター養成講座を開いて育成し、契約通信員として地元で雇用するプランを準備しています。今年度中に具体化する予定です」

というのです。

腕利きの記者が、取材術と記事制作のノウハウを体系的な講座を通して伝授し、月々約8万円、年間100万円程度の契約料を払い、地元の日々のニュースを取材し、記事を書いてもらう。中央の腕利きのデスクが、その記事を最終チェック。一流新聞社のブランド力とクオリティを担保しつつ、地方版の紙面のバリューアップが図れるというのです。その方いわく、

「都会も田舎も、可処分所得が年間あと100万円あれば、世帯にゆとりが生まれるんですね。たとえば、都会から地方移住して来て就農したとしても、農業だけではギリギリの暮らしになってしまいがちです。ここにライティングの技術を習得して、新聞社の通信員として現金収入があれば、ゆとりのある田舎暮らしが実現し得ると思うんです。もちろん、うちだ

けの通信業務をやってもらうつもりはありません。兼業禁止なんて考えていません。クラウドワークス社など他企業からのライティングやホームページ制作などの仕事もどんどん地元で請け負ってもらっていいんです」

なるほど。私も確かにそのとおりだと思いました。地方では、就業の機会は限られています。しかし、独立起業したとしても、ゆとりはなかなか生まれません。ここに安定的な外部収入が毎月あれば、いささかの余裕が生まれます。

同氏はまた、

「経済面だけではありません。新聞社の通信員として、全国紙の名刺を持って地元で活躍していただければ、誇りをもって働いていただけます。それに、せっかく都会の大学等で学んだスキルを田舎で生かせるのです！」

なるほど。さらに興味がわいてきました。私は次に、そのプランを実施する上での懸念事項や課題についてたずねました。

同氏の答えは、

「地方で都会的な仕事をしようとすると、どうしても知的な刺激が欲しくなるんです。地元ではなかなかそうした刺激は受けにくいので、精神的に孤立しやすい。地方に進出したサテライト・オフィスなどが抱える課題も同じです。都市の空気を吸った仲間同士、都会とつながって仕事する仲間同士がディスカッションしたり、情報交換できたりするような、交流カフェのような機能をもった施設が、地方にも不可欠ですね」

私も確かにそのとおりだろうと思いました。総務省が派遣する「地域おこし協力隊」が高齢者ばかりの地域の中で孤立するケース、休みの日に話し相手・交流する仲間がいないで孤独感に苛《さいな》まれるケースをよく耳にするからです。

ちょっとインバウンド振興から離れた内容のようにとらえられたかもしれません。しかし、それは違います。各地域が自ら観光地としての魅力やニュースを日々発信しない限り、その地域に旅行者も、訪日客も足を運んではくれません。上記の新聞社の事例を参考にして、そうした地元で働くライターを養成し、インバウンドの情報発信を委嘱《いしょく》してもいいのです。あるいはそうした新聞社と提携して、追加費用を払って、業務をその通信員に委託してもいいのです。

また、話は変わりますが、最近は全国各地に外国人宿泊客をメインに想定したゲストハウスが続々と誕生しています。バックパッカーが若者同士で、また宿主《ホスト》との交流を楽しむ宿は、大都市圏だけでなく、地方にも求められています。こうした宿が同時に上述の地域の交流カフェ機能を果たしたり、宿のオーナーやスタッフが新聞社の通信員になったりしてもいいと思うのです。

こうした多様性に満ちた「若者（＝おおむねU40の男女）」「よそ者（＝域外出身者）」「バカ者（＝破天荒なイノベーター）」こそ、既述の地域運営組織（ＣＭＯ）＆ＤＭＯに刺激をもたらす、良き担い手になり得るのだとも思うのです。訪日客は、魅力ある景観や施設だけではなく、発信力のある人々・コミュニティを目指してやって来るのです。

【戦術④】
——英語の通じる地域づくり　～英語保育・イングリッシュタウン

皆さん想像してみてください。たとえば、皆さんがアジアや欧州のある国に出かけた際、観光客相手のためではなく、地元民が現地語に加え、日本語でも暮らし、日本語が普通に通じる町がそこにあったとします。そしてコミュニティの中にある宿も、居酒屋《バー》も、レストランも、食料品店も普通に日本語が通じ、地元民たちでにぎわっているとしたら——。おそらく、そこに何日も滞在して、日本語が通じる利便性と、異国での異文化体験を同時に楽しもうとするはずです。場合によっては、そこに移住したくなるかもしれませんね。

インターネット時代の今、世界の公用語は英語です。日本のどこかの町で英語が上記のように普通に通じ、英語でなんでも用が足せたら、おそらくその町には、多くの旅行客が訪れるようになるでしょう。移住して来たいという外国人も現れるかもしれません。大規模である必要はありません。小規模でいいのです。特定エリアで、宿・食べ物屋・食料品店・飲み屋などで普通にどこでも英語が通じたら、そこは世界の旅人のオアシス（砂漠の中の湧水地）となるわけです。

日本の過疎地域に、たとえばそんな一角ができたとしたら、おそらくこれといった風光明媚《ふうこうめいび》な自然や歴史的建造物がなくとも、そこは多くの観光客でにぎわうことでしょう。でも、そんな状態を実現するには、ひとつの障害物《ハードル》が存在します。いうまでもなく、それは「英語力」です。

ではどうするか。ひとつの解決策を実践している人がいます。徳島県在住の私の友人で、ベンチャー企業リノヴェを経営している柏木陽佑さんです。彼は外国人・バイリンガルが常駐する英語保育サービス「5 star 英会話」を、四国の徳島県阿南市と愛媛県松山市を中心に展開しています。同社は日本では数少ない、企業内の英語保育施設を運営していることで知られ、小学生の学童保育も英語で行っています。東京・大阪などの大都市では、インターナショナルスクールが存在し、英語の保育所も少なからずあります。しかし、地方にはほとんどありません。なぜか。子供を普通の保育所に預けるだけでも、それなりの保育料がかかります。まして英語のバイリンガル保育所となると、どうしても高額な費用がかかります。普通に開業すると、地方では料金が高くなり過ぎて、通園児がいなくなるからです。

柏木さんはどう工夫したのか。それが事業所内英語保育所という選択肢だったのです。地元企業が雇用している外国人スタッフの子供たちの英語保育のニーズが、まずあったこと。そして地元自治体の支援があったことで、低廉な値段で、英語保育サービスが可能になったのです。(もちろん、その事業所の従業員の子弟は割引価格で預けられますが、従業員さん以外の子供たちも受け入れているそうです)。彼の保育所には、子供を預けたいがために、遠方から夫婦で移住してくる事例もあったとのこと。びっくりです。また、英語保育の保母さんの仕事をしたくて、アメリカからやってきた若い女性も現れたのです。(私は、直接彼女に会いました!)

柏木さんから聞いたところ、「子供たちは、大人の私たちよりも可塑性《かそせい》に優れています。6カ月もあれば、まるでイングリッシュ・ネイティブのように英語が上達します。子供たちが英語をしゃべれるようになると、ご両親やおじいちゃん・おばあちゃんまで、英語を習いたくなるんです」とのこと。

先日見学に訪れた、同社が運営する松山市内の「三福 5 star インターナショナル保育園」では、実際に子供たちが英語で保母さんと遊んでいる様子を目撃し、子供たちの流ちょうな英語に私もびっくりしてしまいました。

日本各地の地方自治体の担当者の皆さんは、工場などの事業所誘致に熱心に取り組んでい

外国人やバイリンガルのスタッフが英語で保育する「三福 5 starインターナショナル保育園」

ます。しかし、今や新規に地方に進出する企業はなかなか増えません。企業は海外に主力工場を移転しているからです。誘致を成功させたい各自治体は、英語で教える企業内保育所の公的支援メニューを創設し、こうした英語のインターナショナル保育所の設置を約束すればよいと思います。そうすれば、その町に進出してきたい企業は少なからず現れると思うのです。そして、そのことにより、その町は上述したようなミニ・イングリッシュタウンとなり、世界中から旅人が訪れるようになることも夢ではないと思います。

【戦術⑤】

――縦社会からフラットな人間関係へ

日本の社会、特に地方は、縦《たて》社会です。行政機関や地元の老舗《しにせ》大手企業等は年功序列を基本としており、たとえ優秀な人材がいたとしても、飛び級的な出世はなかなか見込めません。(もちろん、最近の政府や地方自治体や企業は進化しており、優秀な人材が大胆に抜擢《ばってき》されて権限移譲されている特例もあります。そして実際にそういう優秀な友人が私のまわりにも数多くいます。しかし、その例はまだまだ極めて少ないのが実態です)。そもそも、地方では就職しようと思っても、活躍できるチャンスは限られています。地方では、若者が働ける場所は極めて少ないのです。

一方、世界の動きに目を転ずれば、アジアをはじめ世界中の20代・30代の若者がＩＴ分野を中心に起業したり、大組織で大出世したりして大きな権限を手にして活躍し、成功を収めています。そうした彼らがまさに今、富裕なＦＩＴ（個人観光客）として日本にやって来ているのです。実際、私が海外の政府機関や行政府の幹部、あるいは民間企業とミーティングする際、時折相手が目を瞠《みは》るほどの若者であるケースも珍しくはありません。

では、日本の地方の若者はどうするか。地元を出て行くしかありません。こうして、地方の優秀な若者は（故郷を愛しながらも）都会を目指し、地元の高校卒業後は都会の大学に進学し、地元には盆正月以外は帰って来なくなるのです。

また日本には、封建的な「お上」意識が根強く残っています。縦社会は何も、地方だけの問題ではありません。日本中が縦社会なのです。江戸時代に徳川幕府は、政権を正当化する教義として、儒教を本格的に取り入れました。「士農工商」という言葉に象徴されるように武士が偉く、農工商は、その下に従属する地位しか与えられませんでした。この考え方は、明治時代になり四民平等の世の中ではいったん消失したものの、官尊民卑《かんそんみんぴ》の考え方はその後も継続されました。儒教はまた、人間関係に垂直的な「忠《ちゅう》」という概念を植えつけ、先輩・後輩という縦の秩序、男尊女卑という性差間の縦の秩序、親子・兄弟間に「孝《こう》・悌《てい》」という縦の道徳を植えつけました。これらが今、日本社会を停滞させ国際交流の進展を阻んでいます。

実際、特に地方に行くと、よく以下のような話を聞きます。

「中村さん。うちの県の県庁はとにかく仕事が遅いんですよ。何をやるにも時間がかかる。すぐやるべきことを何年も、いや何十年もかけている」

と地元の民間企業のトップから聞き、一方で、ある県庁所在地の市役所の幹部からは、

「いやいや、中村さん。うちの町では、民間の人たちは何も率先して動かんのですよ。役所が働きかけないと、町の人たちから積極的に町をよくしようなどという考えは出てこないんですよ」

という愚痴を面と向かって言われたりするのです。

どちらも間違った考え方だと思います。

かつて誰もが社会科の授業で習った「憲法」の前文前段に、次のように明記されているとおり、ほかの誰でもない私たちこそが、国のそして地域社会の立法・行政・司法のすべてにわたる主権者なのです。


「日本国民は、正当に選挙された国会における代表者を通じて行動し、われらとわれらの子孫のために、諸国民との協和による成果と、わが国全土にわたって自由のもたらす恵沢を確保し、政府の行為によって再び戦争の惨禍《さんか》が起ることのないようにすることを決意し、

ここに主権が国民に存することを宣言し、この憲法を確定する。そもそも国政は、国民の厳粛《げんしゅく》な信託によるものであって、その権威は国民に由来し、その権力は国民の代表者がこれを行使し、その福利は国民がこれを享受する。これは人類普遍の原理であり、この憲法は、かかる原理に基くものである。われらは、これに反する一切の憲法、法令及び詔勅《しょうちょく》を排除する」（憲法前文、ルビは筆者による）

私たちは、まさしく主権者なのです。私たちは間接民主主義の一国民として、選挙を通して代表者＝議員を選び、立法府に送り出して法律を定め、行政府にその法律に基づいた行政事務の執行を信託しているに過ぎないのです。政府や地方自治体は私たちの主権の代執行機関に過ぎないのです。

私たちが、国民国家の主権者《オーナー》であり、私たちが、地域社会の存続を守る最終責任者なのです。一万円札の福沢諭吉が150年も前に「天は人の上に人を造らず、人の下に人を造らず」と論じたとおり、すべての人間は本来フラットな、横ならびの関係なのです。

この事実、この原点の再認識こそを、私たちは地方創生の出発点に据えなければならないと思います。日本の衰退、地方の衰退を誰かのせいにしたり、誰かを批判すればすむ問題ではないということです。

地域社会《コミュニティ》は誰かのものではありません。私たち一人一人が協働して創り支えるものです。地域におけるインバウンド振興は、一人・一民間企業では不可能です。地方創生も同じです。中央から配られる交付金や各種助成金だけで成し遂げられるものではありません。

すべての人々が、フラットで水平的な立場で参加しない限り、大きな成果は生み出せません。年齢の上下や男女の違いや社会的地位の上下や経済力の大小で、人々を序列化するような垂直的なコミュニティはやがて消滅してしまうことでしょう。

インバウンドの成功、地方創生の成功は、何よりも、このフラットで水平的な人間関係とコミュニティづくりから始めるべきなのです。

世界のコミュニケーション原理は万国共通であり、すべてフラットなものです。来訪者《ゲスト》も迎え入れる側《ホスト》も、本来対等で平等な関係です。「もてなす側」も「もてなされる側」も人間同士。インバウンドの原点はフラットなコミュニケーションです。

それゆえ、私はインバウンド振興こそが、日本の、特に地方の縦社会に風穴を開け、地元の若者の地域内での活躍の機会を創出し、地方創生成就《じょうじゅ》のための基盤となり得るものだと確信しているのです。

視座 Column 3

サミットのレガシーとMICEの可能性

2016年1月、三重県を訪ねた。伊勢志摩サミット三重県民会議主催のフォーラムに招かれたのだ。その際、主要国首脳会議の舞台となる賢島《かしこじま》も視察させていただき、あらためてサミットを身近に感じた。会場には600人超の県民の皆さんが集まり、その熱気に圧倒された。地元テレビ局の中継も行われた。私は講演に加え、県知事と共に内外の著名な有識者や地元代表者に交じってシンポジウムにも登壇した。1975年から始まった首脳会議の国内開催は、これまで東京（79年、86年、93年）、沖縄（2000年）、北海道洞爺湖（2008年）と計5回。伊勢志摩で6回目となる。今回は初の試みとして、伊勢志摩での首脳会議に加え、関係閣僚会合が10都市（つくば市・高松市・広島市・仙台市・倉敷市・神戸市・新潟市・北九州市・軽井沢町・富山市）で開かれる。まさに今年は日本各地がサミットイヤーとなる。このサミットの成功はインバウンド振興に直結可能だ。特にわが国のMICE市場にとっては一大チャンスの到来となる（MICEとはMeeting〈主に企業の大

やイベント〉の各頭文字をとった言葉）。
型会議〉、Incentive Tour〈報奨旅行〉、Convention〈国際会議〉、Exhibition/Event〈見本市

この日私が特に伝えたかったことは、サミットが生み出すべき「レガシー」創出の重要性であった。サミットの期間は5月26〜27日のわずか2日間に過ぎない。当然、レガシー創出には、開催中よりむしろ準備期間が重要となる。そもそもレガシー＝遺産（legacy）の語源はラテン語のlegatus（軍団司令官＝代表権者）に由来し、これが古フランス語のlegacieとして「誰か（代表権者）の意思により残される財産」という意味へと変化し、今の英単語につながる。良き遺産が、気がついたらたまたま残されていたということは絶対にない。誰かが明確な意図・意思をもって、「これを未来への遺産とする！」と決意しない限り良き遺産は生まれない。

講演で、私は7つのサミットレガシーを提案した。集約すると次の3点になる。すなわち、①シティ・アイデンティティの確立、②アフィニティ＝市民のインバウンド支持率アップ、③国際MICE都市としての本格スタートだ。言うまでもなくサミットには各国から凄まじい数の随行員、数千人規模の報道関係者が大挙して来日する。サミット開催に際し、地元はまさに外客との触れ合いを通して、三重県域の①の自己像（アイデンティティ）確立を迫られる。

自分たちの故郷の固有性、短所と長所の自覚である。外客は自己を映す鏡だ。サミットを伊勢志摩の固有性の再発見のきっかけとするのだ。なお、②のアフィニティ＝インバウンド支持率の原義は「同源性の自覚に基づく親近感」である。

サミットは地元経済に莫大なGDPをもたらす。そもそも街を歩いている外客は地元の暮らしと関係ない他者ではない。インバウンドがもたらす交流人口と外貨は、今後定住人口が減る地元経済の重要な源泉で、人々の暮らしに直結する。外客はガイジン＝見知らぬ人でなく、ゆえに〝私とあなた〟の関係ではない。持続可能な社会を構成する大事なパートナーとして〝私たち〟なのだ。サミットを、地元の皆さんが本質を理解し、心の開国をする一大起点とすべきだ。

③の国際MICE都市戦略については前述のとおりだ。はっきりいって、三重県の外客入込数も知名度もまだ低い。今回のサミットを契機としたMICE振興を通して、外客の再来訪化、個人観光客（FIT）を増やす戦略は、三重県にとっても、全国の関係閣僚会合開催都市にとっても極めて効果の大きい起爆剤となるに違いない。

第3章

最新事例から学ぶ、先進的な取り組み

〝受信者〟責任型社会と「おもてなし」

２０１６年5月、「インバウンド公共戦略塾」と題するセミナーの第1回目を時事通信社と共催で開きました。会場には１００名を超える自治体関係者をはじめとする多数の受講者が集まり、とても熱心に聞いていただきました。

オープニングセッションは私がスタートアップ講座と、「観光立国と地方創生～インバウンド３・０の衝撃！」と題した基調講演をした後、第２部の「インバウンド戦略を学ぶ」というパートで、ジェフ・バーグランドさんにご登壇いただき、「訪日外国人観光客が好きになる日本の魅力とおもてなし」と題して話していただきました。また、登壇に際し、私は事前にジェフさんの勤務先である京都外国語大学のキャンパスまで出向き、日本のコミュニケーションスタイルの独自性について具体例を交えて、フランクに説明していただきました。まさに目から鱗《うろこ》のお話ばかりでした。日本流「おもてなし」の課題と、その本当の魅力が分かった気がしました。そしてちょっと大げさに言えば、私の中で、まさに「コミュニケーション革命」が巻き起こったのです！

ジェフさんはアメリカの出身ですが、京都在住45年という方で、江戸時代後期に建てられた鴨川沿いの京町屋でご家族と暮らしていらっしゃいます。日本人以上に日本の文化を愛している方といってもよいでしょう。

この講演で、彼はコミュニケーションの話をしてくれました。言うまでもなく、すべてのコミュニケーションには「発信者」と「受信者」があって初めて成立します。ジェフさんによると、世界の国々は、「受信者責任型社会」と、「発信者責任型社会」の2つにはっきりと分けられるとのことでした。

日本は、ほぼ単一の民族が狭い島国に暮らしており、同質の価値観をみんなで共有しています。それゆえ、日本では発信者側が自分の伝えたい情報の全部を発信する必要はなく、むしろ全部を言い尽くすことなく、双方のコミュニケーションが成立することの方に価値を見出してきました。

そして、〝受信する側〟が相手の気持ちを察し、相手の意図を先回りして汲《く》み取る努力の方に重きを置く文化が形成されたというのです。その結果、日本は「受信者責任型社会」となったというわけです。どうですか、皆さん。胸に手を当てて考えてみてください。思い当たることが結構あるのではないでしょうか。私たち日本人は、相手が最後まで全部言わなくても、その先（や、その真意）を察してあげることに、ある種の美意識を感じます。逆に、空気を読めない人、すなわち周りの意図や気持ちを慮《おもんぱか》れない人は、ＫＹ（空気が読めない）な人として、低い評価しかもらえません。これが「受信者責任型社会」の人間が共有している価値観なのです。

一方、諸外国は「発信者責任型社会」です。おそらく日本以外の国々の大半がこのタイプでしょう。つまり〝情報を発する側〟が、自らの意図を明確に述べ、自分が提供できるすべての選択肢を情報の受け手側に開示し、受信者側は、その選択肢の中から自由に好きなものを選ぶという具合です。受信者側の責任は相対的に小さいのです。

ここに、日本と他国との間のコミュニケーション・ギャップが生じてきます。

日本人が得意とする「おもてなし」についても、日本と外国とでは、大きな認識の違いがあります。

日本の場合、おもてなしの究極の形は、お客さまが何も言わずとも、サービスを提供する側がすべてを察して、先回りする形でお客さまが望んでいると思われるサービスを提供するというものです。かゆいところに手が届くサービスが理想とされます。旅館や高級料亭のサービスは、この価値観を分かりやすく具現化しています。日本の旅館では、夕食や朝食の献立はたいてい季節ごとにあらかじめ決められています。大浴場の利用時間や布団の上げ下げの時間、食事の時間もまず選べません。ホスト側に「お任せ」できることが贅沢《ぜいたく》なのです。

これに対して、海外ではまずすべてのオプションメニューがホスト側からずらりと提示されます。「われわれはこれこれこれ、こういう追加サービスを提供することができます。それについてはこれだけの対価がかかります。どうぞ、好きなものを選んでください」というのが、海外における基本の、そして同時に究極のおもてなしになります。

たとえば私は、出張時はたいていビジネスホテルに泊まるのですが、それでも時折、旅館に泊まることもあります。旅館では夕・朝食は何時、大浴場は何時までと決まっています。夕食時に部屋を空ける際、その間に仲居さんが布団を敷いてくれます。しかし、チェックイン時に「すぐ横になりたい」と言っても、たいがい「今、人手がないので」とやんわり断られるのです。夕食を遅くとろうとすると、「18時で決まっております」。「今夜遅くまで交流するので朝食は遅めにとりたい」と申し出ても、「7時半でお願いします」と返される。翌朝眠い眼で朝食を食べ自室に戻る。そして、チェックアウトまでもう一眠りしようとすると、蒲団はすでにさっさと片付けられている。その結果、寝不足の疲れた体で一日を過ごす羽目になるわけです。

ある地方の旅館では、宿泊パックに付いていた朝食をあきらめ朝寝していた時、突然、「朝食時間が終わります。片付ける前に来てください」と内線で起こされ、熟睡を中断させられたことがありました。親切なスタッフの心遣いに、むしろどっと疲れ、その後玄関で女将さんをはじめ従業員諸氏の笑顔の見送りを受け、その宿を出立したのです。

日本の旅館数はこの25年間で約4割減少しました。観光庁「宿泊統計調査」（2016年6月）の宿泊施設タイプ別客室稼働率を見ても、旅館の稼働率は33・3％となり、シティホテルの77・8％、ビジネスホテルの72・5％と比べて、大きく見劣りします。一方、外国人に人気なのが、このRyokan（旅館）です。実際、『観光白書2015』の宿泊施設タイプ別外国人の延べ宿泊数を分析すると、旅館の外客割合は2011年の1・3％から2014年の4・2％へと3・23倍の伸びを示す一方、宿泊施設全体の外客割合は2011年の4・4％から2014年の9・5％へと、その伸びは2・16倍にとどまっています。外客の旅館への関心が相対的に高まっているのです。

そもそも、今、日本人は宿泊旅行をしなくなりつつあります。2014年の日本人の延べ宿泊者数は、前年に比べて1・1％減っていますが、全体では1・4％増えています。どういうことでしょうか。外客の延べ宿泊数が4482万人泊と33・8％も増えているのです。これにより外客構成比率は上述のとおり9・5％増加し、その伸びが日本人の減少を補っているといえます。そして外客の旅館宿泊の伸びもこれに寄与しているのです。

一方、この伸びと比例し、外客からの旅館（特に高級旅館）への不満の声も増えています。大半は先の私の不満とかぶり、「高額のわりに食事の時間が変更できない」「料理がお仕着せ」「客室のプライバシー侵害」など。

つまり、「発信者責任型社会」に馴染《なじ》んでいる外国の観光客が、日本流のサービスを受けると、「何かが変だ」、「選ばせてもらえない」、「何だか勝手に決められている」という不満につながりかねないわけです。外客の皆さんは、サービスメニューやオプションがずらりと並べられていて、そこから自らの好みで、自由に選択できるのが最高のサービスだと思っているわけですから、日本流の「言われずとも察する」というタイプのお仕着せのサービスを提供しても、戸惑う場合が多いのです。

では、どうすればいいのでしょうか。廉価な宿の解決策はシンプルです。夕食を省き地域の食堂を紹介すればいいのです。朝食は選択制にして、蒲団はあらかじめ敷いておけばいいのです。では高級旅館はどうするのでしょうか。ひとつの事例を紹介したいと思います。私がひいきにしている房総の小ぶりな隠れ家風の料理旅館です。寝室はベッド。全サービスが選択可能。浴衣の色、貸切温泉の入浴時間、夕・朝食の時間と席。主菜、デザートの種類。夕食時に残ったお櫃《ひつ》のご飯の対応（夜食用のおにぎり等にしてくれる）。朝食時の焼魚の種類など、枚挙にいとまがありません。顧客の過去の選択データが蓄積されているため、お任せでもいいし指定してもいい。まさに自由自在なのです。

旅館が訪日市場で増え続けるＦＩＴ（個人客）を獲得するには、ただ安くするのでなく、付加価値をつけてオプショナルサービスを高く売るべきだと思います。選択制は手間がかかりますが、その分、お仕着せのサービスで満足しない客層の獲得が可能になります。ゲストのニーズとウォンツに合った柔軟なサービスこそ、本来、日本流の〝お・も・て・な・し〟の本質だと思うのです。

ジェフさんは、ほかにもいくつかの具体例を示してくれました。

彼は長野県松本市で、無料の外国語観光ガイドサービスを見かけたそうです。無料だということなら、外国人観光客の皆さんはさぞかし喜んでくれるだろうと、日本人だったら誰でも思うでしょう。

ところが、ボランティアガイドの皆さんが、外国人観光客に、

「ガイド料は無料ですよ！」

と案内しても、彼らはずいぶんいぶかしがっていたのだそうです。なぜでしょうか。それは、海外の人々は、一定のサービス供与に対して料金が発生するのは当然だと思っているからです。そう考えている外国人観光客に対して、

「ガイド料は無料ですよ！」

などと言って近づいていったら、

「なぜ無料なんだろう。これにはきっと何か裏があるはずだ！」

と警戒されてしまうのです。これも、「発信者責任型社会」と「受信者責任型社会」の間のコミュニケーション・ギャップのひとつです。

では、どう対処すればよかったのでしょうか。

ジェフさんによれば、

「私たちは、外国人観光客とコミュニケーションを図りたいのです。それによって語学力も上達できます。ですから、無料で案内させてもらっているのです！」

と、自分たちの活動趣旨を説明すればいいというのです。このように発信者側があらかじめ説明を尽くせば、訪日外国人観光客も警戒心を解いてくれる、というわけです。

また、外国人観光客が日本の居酒屋で遭遇するのが、「お通し」のサービスです。店に入ると、まず「お通し」が、おしぼりなどと一緒に出されます。

訪日客は、

「私は、こんな料理頼んでいない。要らないよ！」

と主張して、もめたりします。

ジェフさんは言います。あらかじめ、

「当店のテーブルチャージは○○円です。ただし、フリーの料理（お通しのこと）がもれなく付いてきます」

と席に案内する際に、説明しておけばいいというわけです。発信者責任型社会では、当たり前の告知義務なわけです。訪日客は不満を抱くどころか、逆に、

「おお。テーブルチャージを取られるだけでなく、無料の料理がついてきた。ラッキー!」

と喜んでくれることになるというわけです。

ジェフさんいわく。コミュニケーション・ギャップをなくすためには、まず日本人がバイカルチャー、すなわち「発信者責任型」と「受信者責任型」の両方のコミュニケーションスタイルを身につけることが大切なのです。日本人は「受信者責任型社会」特有のコミュニケーションを高度に磨き上げた稀有《けう》な人々。この美点を、捨て去る必要など当然まったくありません。むしろ、こうした特性を持つ日本人が、さらに「発信者責任型社会」のコミュニケーションスキルを習得すれば、まさに鬼に金棒となるというわけなのです!

ジェフさんの説明で、私は、日本流「おもてなし」の美点と同時に、その課題の両方を理解できた気がしました。「受信者責任型社会」の無意識の美学は、おもてなしの押しつけにつながりかねません。双方のギャップを理解することによって、日本人の「コミュニケーション革命」が、各地で始まっていくものと思います。

年間200日超の出張で見聞した、インバウンドの最新事例

私は年間２００日を超えて、旅の空の下にいます。社業のほかに、全国各地の委員会や協議会の会長や役員として、また講演会や各種会議やシンポジウムへの登壇のために、ほぼ毎週のように国内外の各地域に出向いているのです。それゆえ、良くも悪くもさまざまな地域の観光立国の現場の〝光〟と〝影〟の両方が目と耳に入ってきます。

前述したように、地域によっては今なおインバウンド１・０の時代から抜け出られていないようなところもありますし、これから事例として触れていくような、私の目から見て、「これはすごい！」と思わず膝《ひざ》を叩いてしまうような、先進的な取り組みを行っているところもあります。

これまでインバウンドの本を複数冊書いてまいりました。知り合いから寄せられるリクエストの中で一番多いのは、「中村さん、理論に加えて、もっともっと具体的な事例を教えて欲しい！」というものです。実際、私は日々全国の町に出かけて地元の官民の人々と、昼夜を問わず意見交換させていただいています。すばらしい先進事例とメディアで褒めたたえられている町に出かけてみると、そこにも意外と課題が山積していたり、逆に知る人ぞ知るというような必ずしも著名ではない町で、思いがけず先進的な取り組みがなされていたりもしま

す。

そこで本章では、日本のインバウンド事例の中から、特に印象に残った本物の、リアルな事例を皆さんに紹介していきたいと思います。

【事例1】

――岐阜県飛騨高山 ～キーワードは「普通であること」

「飛騨高山」で知られる岐阜県高山市は、11年前に周辺の9つの町村を合併することによって誕生しました。合併当時の人口は9万7000人。現在は9万1000人を切る水準まで減っています。

ところが、そのような小さな市であるにもかかわらず、2015年に同市を訪れた外国人観光客は、実に36万人にも上りました。皆さんも、「高山」と聞けば、インバウンドで成功している街だと、すぐに想起されることでしょう。ではなぜ、この山の中の一地方都市に、世界中から訪日外国人観光客が大挙して押し寄せるのでしょうか。

国際観光都市高山の実績は、一朝一夕に出来上がったわけではありません。高山市が本格的にインバウンドへの取り組みを始めたのは、実に今から31年も前になります。高山市は、1986年、人口減少とそれにともなう国内マーケットの縮小に対応するため、国際観光都市モデル地区の指定を受け、国際観光都市宣言を行いました。外国人観光客に来てもらい、町を維持していこうと考えたのです。

この点からも、インバウンドがいかに息の長い事業であるかが、お分かりいただけると思います。最近のインバウンド関係者の中には、早急に結果を求める傾向も見られますが、簡単に売上が伸びたり訪問客数が急増したりしても、それはインバウンド・バブルによって水増しされただけと考えられます。当然、バブルが弾ければ、まさに泡のように消え去るでしょう。これは本当のインバウンドによる経済効果ではありません。本物は、高山市の例にも見られるように、それこそ何十年もの歳月を費やして築き上げていくものなのです。

その高山市が、どのような取り組みをしているのかというと、

①國島芳明《くにしまみちひろ》現市長が自らトップセールスを行っており、年間82件ものメディア対応をこなしている。
②11カ国語もの多言語に対応するホームページを開設。
③外国人観光客向けフェイスブックを立ち上げ、各記事の「いいね！」から閲覧者の属性を分析。2015年3月からスタートして、1万9505「いいね！」を獲得。
④国によって異なる内容のパンフレットを制作。

⑤10カ国語対応のマップを制作。
⑥簡単なWi-Fiの整備。接続環境を充実させるとともに、観光緊急情報の提供を実施。メール式の簡単なアンケートを実施して、メールアドレスを回収。季節ごとのアクティビティ情報を提供したり、ビッグデータとして活用したりするのに、回収したメールアドレスを有効活用する。
⑦「高山市中心市街地特例通訳案内士養成研修」の実施。6回の研修を実施して、それを終了すると、認定中心市街地の区域において、報酬を得て地域限定の通訳ガイドを行うことができる。
⑧ホームページで周辺の都市を紹介し合う。
⑨世界各地に職員を派遣し、各地で高山をPRしてもらう。
⑩意欲ある民間事業者と連携を図る。

かなり広範にわたって工夫をしておられるのが分かると思います。

そして、これが高山市のインバウンド戦略の真骨頂であり、成功のキーワードだと思うのですが、あくまでも「普通である」ということです。実はこれは、高山市役所のブランド・海外戦略部の田中明《あきら》部長の口癖です。

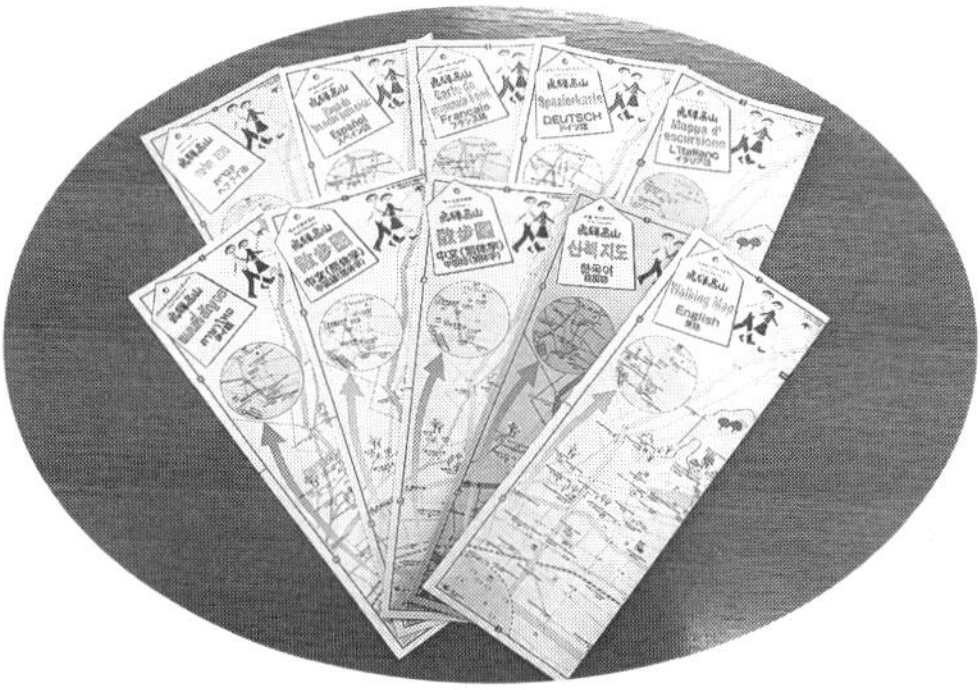

飛騨高山の10カ国語対応マップ

外国人観光客で賑わう飛騨高山

つまり、外国人観光客を一人でも多く呼び寄せようとして、いわゆる観光地ずれしたサービスを行ったり、施設を設けたりはしていません。あくまでも〝普通〟の店舗があるだけですし、接客も至って〝普通〟です。つまり、外国人観光客の気を引くための迎合が少しもないのです。普段着感覚と言い換えてもよいでしょう。確かに高山市は国内有数の観光都市ではありますが、いわゆる観光地商売をするのではなく、あくまでも自分たちは〝普通〟の日常生活を送っており、そこにたまたま外国人観光客が入ってきた、という程度の感覚なのです。

これに対して、どこの町とは具体的に言いにくいのですが、国内の少なからぬ有名観光地では、派手な外国語の看板でメニューを書き立て、地元の名物以外のモノも〝売れるから〟という理由だけで、他所《よそ》の物産を臆面もなく並べたりして、観光客相手の商売であることがみえみえになっていたりします。一方、高山市は明らかにベクトルが異なります。高山市の事例は、〝普通〟であり続けることが、逆に外国人観光客の関心を引き寄せる要因になることを、私たちに教えてくれています。

先日、私が実際に出かけてきた、そんな高山の具体的好例をひとつ報告したいと思います。（この店をご推薦くださったのも、上述の田中部長です！）

「飛騨高山京や」さん。観光名所・日下部家住宅（民藝館）に隣接、風情ある川沿いにあります。店の内外は古民家風。一見〝普通〟の料理店です。ところが、これが店に一歩踏み入れて席に着くや否やびっくり、あとからあとから、実にさまざまな国籍の外国人観光客がひっきりなしに店にやって来ます。このお店の経営者、72歳になるという女将さんがまた素敵な方。ほとんどワンワードのイングリッシュで、てきぱきと外客相手に実に魅力的な接客をしていました。決して上手な英語ではないものの、きちんと相手との会話が成立し、普段着のおもてなしそのもの。女将さんと話をしてみたところ、

「ここは日本。ここは高山。外国じゃない。だから無理して流ちょうな英語で接客する必要はないと思うの。おいしい料理を、心を込めてお出しし、心を込めておもてなしするだけ！」

なるほど、〝普通〟の、同時に類《たぐい》まれなおもてなしが、この店では実現していました。旅行の口コミを中心とするウェブサイト・アプリのトリップアドバイザーでも常に人気ランキング上位という理由が、現場を見て分かった気がしました。料理ももちろん、絶品でした。

さて、それと、高山市の取り組みでもうひとつ注目されるのは、広域連携を目指していることです。

⑧に「ホームページで周辺の都市を紹介し合う」という項目がありますが、まさにこれです。高山市だけに来てもらうのではなく、中部日本の他の町にも誘客し、〝点〟ではなく〝面〟

で観光客を取り込んでいます。これは、団体旅行ではなく個人旅行が主流となるこれからのインバウンドにはまさになくてはならない戦略です。

ただ、このように万事、インバウンド戦略についてはうまくいっているかのように見える高山市ではありますが、課題も抱えています。

それは、これだけインバウンド戦略・観光戦略で成功していても、市周辺の中間山地の人口の減少になかなか歯止めがかけられていないことです。特に若い世代が、高山市外に仕事を求めて、町を出て行ってしまうのです。

サービス産業、とりわけ接客業は、顧客との接近戦です。製造業やＩＴ産業・金融業のように技術革新《イノベーション》を通して生産性を劇的に向上させようとしても限界があります。また、各種サービス料金を他地域の水準をはるかに超えて法外に高く値上げすることなどできません。そして、山国・雪国である高山は年中まんべんなく集客できるわけではありません。それゆえ、年間で繁閑《はんかん》の差がどうしても生じます。当然、年間を通した正規雇用ばかりではなく、季節労働にも頼らざるを得ず、また賃金の引き上げもそう簡単に行えるものではありません。その結果、若者は、どうしても高山市以外のところに働き口を求めるのです。

こうして若い人が流出してしまうと、今度は繁忙期にサービス業に従事する人が不足してしまいます。結果、外国人観光客がどんどん訪れたとしても、季節によっては満足のいくサービスを提供できる人材がいないという事態にも直面しかねません。

こうした現状の問題点を打破するためには、戦略性のあるインバウンドを考える必要があるわけです。

海外に目を向けてみましょう。フランス、スペイン、スイス、イタリアなどの国々の主要都市は、言わずとも知れているとおり、国際観光都市として成功を収めています。それらの都市がなぜ世界の名だたる観光都市として成功しているのかというと、その理由のひとつに、いずれの都市も国連機関をはじめとする国際機関の誘致に成功しているからだと思われます。

たとえばフランスのパリには、国連教育科学文化機関（ＵＮＥＳＣＯ）が本部を置いていますし、スペインのマドリードには世界観光機関（ＵＮＷＴＯ）、スイスのジュネーヴには、国連難民高等弁務官事務所（ＵＮＨＣＲ）や世界保健機関（ＷＴＯ）、欧州経済委員会（ＥＣＥ）など多数の国際機関が本部を置いています。そしてイタリアのローマには、国連食糧農業機関（ＦＡＯ）の他、世界食糧計画（ＷＦＰ）、国連農業開発基金（ＩＦＡＤ）の本部があります。

このように、国連をはじめとする国際機関が本部を置くと、その都市には一年中世界中から大勢のエグゼクティブや関係者が集まってきます。そして、その都市に滞在している期間中、彼らはホテルに泊まり、レストランで食事し、さまざまなお金を消費します。公的予算付きで来る人たちなので、しっかりお金も使います。発信力のある人たちが集えば、その都市の情報も世界中に発信され続けます。国際機関の本部の誘致に成功した場合の経済効果は、持続的かつ大きなものになるのです。

そこで、私が高山市に提案したいとひそかに思っているのは、たとえばこの高山に国際級の観光学研究大学院大学を創ることです。(驚くべきことに、現在この魅力的な都市に大学も大学院もひとつもないのです!) この人口減少時代に今さら、巨額な費用をかけて大きな施設を建てる必要はありません。空き家になった町屋のひとつひとつを教室や研究室にし、使わなくなった公共施設を改造《リノベーション》して、大学院本部にすればいいのです。街全体を大きなひとつのキャンパスに見立てて運営すればいいのです。ここに、世界中から優秀な教授陣と研究者を招聘《しょうへい》し、優秀な学生を集めれば、年間を通して国際交流が活発になります。国際観光都市の高山の街中には、今でも世界中から観光客が押し寄せています。まさに、生きた研究対象が目の前にあるわけです。こうした恒久的な集客装置ができれば、おそらく年間を通して地元の各種定住・交流人口による消費需要が高まることでしょう。そして、その結果、この町で働いている人々の雇用機会が生まれ、賃金も上昇し、人口流出阻止のための一助にもなるはずです。

高山市には、大きなポテンシャルがあると思います。

【事例2】
――兵庫県城崎温泉　～「花仕事」と「米仕事」を実践

2016年7月上旬、私は兵庫県豊岡市にある城崎《きのさき》の町を訪ねてきました。文豪・志賀直哉の作品、『城の崎にて』で知られる、有名な城崎温泉に行ってきたのです。今回の目的は、城崎の町で観光やインバウンドに関わっているコアな人たちと意見交換会を開き、インバウンドの最前線を取材することでした。私の友人であり、「(株) 湯のまち城崎」の取締役も務めている古田篤司さんのコーディネーションのもと、「城崎温泉観光協会」、「城崎温泉旅館組合」などの関係者をはじめ、地元の方々と非常に熱い議論を交わすことができ、城崎の魅力の奥深さと、同時にその課題を勉強できたのが大きな収穫でした。

城崎温泉は兵庫県の北部にあり、関西3大温泉地のひとつとして知られています。ちなみに、ほかの2つは有馬温泉と南紀白浜温泉です。

城崎はもともと江戸時代の天領《てんりょう》として栄えました。天領とは幕府の直轄地という意味です。江戸時代から非常に人気の高い温泉地だったそうですが、1925年に発生した北但大震災によって、市街地の大半が焼き尽くされてしまいました。今ある城崎の町の景観のほとんどは、昭和に入ってからの復興事業によるものなのだそうです。そのため、町は昭和初期の時代の雰囲気を色濃く残しており、何とも言えず懐かしい思いに駆られる魅力があります。

城崎温泉の特徴は外湯《そとゆ》の文化があることです。最近の温泉街は内湯《うちゆ》といって、旅館の中に温泉施設があるのが一般的ですが、城崎温泉にももちろん内湯もありますが、外湯巡りが人気を集めていて、旅館に宿泊するともらえる「ユメパ」という外湯巡りのフリーパスを使えば、7カ所ある外湯に自由に入ることができるのです。観光客が、各旅館の色とりどりの浴衣を着てそぞろ歩く姿は、とても趣《おもむき》があります。観光客は日本人だけでなく、諸外国からはるばるやって来た方も大勢います。現地にやってくると、ヨーロッパやアメリカ、アジアの中間所得層以上の人たちから城崎温泉が注目されている、その理由が分かった気がしました。

古田さんに案内してもらい、私が城崎の町に興味を抱いたのは、こうしたハード面や目に見える景観の魅力ばかりではありません。本書のテーマのひとつである「持続可能《サスティナブル》なインバウンドビジネス」を、城崎という町で具現化しているように思えたのです。

私は、クルーズトレイン「ななつ星 in 九州」などの観光列車のデザイナーとして有名な水戸岡鋭治《みとおかえいじ》さんの「花仕事《はなしごと》」と「米仕事《こめしごと》」という考え方に学び、この言葉をインバウンドの戦略の重要な概念として提唱しています。この町にはまさにこの考え方が実に普通に生きづいているのです。

初めて私の著書をお読みくださる方のために、ここで同氏が定義している「花仕事」と「米仕事」について簡単に説明しておきましょう。

浴衣を着て外湯巡りをする観光客

案内してくれた古田さんと（左が著者）

「米仕事」とは、自分が生きていくのに必要なお金（＝まさに米）を稼ぐための仕事です。もちろん今の時代、稲作農家は減る一方、大半は会社勤めでしょうから、「米仕事」といってもピンとこないかもしれませんが、要するに私たちが毎日働き、生きていく上で必要な収入を得るために従事する仕事は、「米仕事」です。

一方、「花仕事」は、公共的・社会的視点で行う、金銭的代価を超えた仕事のことです。

水戸岡さんは、『電車をデザインする仕事』という著書の中で、デザイナーの仕事の中には本来、「自分・自社のために稼ぐ仕事」としての「米仕事」、「社会のための奉仕・貢献となるような仕事」としての「花仕事」という2つの仕事があるのであり、いいデザインの仕事をするためには、その両方の仕事が不可欠なのだという考えを述べていらっしゃいます。私は、このくだりを読んだとたん、強い衝撃を受けました。うわあ、すごいなあ。私が公共哲学の難しい言葉で何とか表現しようとして、なかなかうまく言語化できないでいたことを、水戸岡さんはすでに実にさらりと、この平易な2つの言葉で語っていらっしゃったことに驚き、そして深い感銘を受けたのです。

水戸岡さんの故郷は岡山県の農村。小さい頃から農家の人たちの暮らしを見ていたそうです。人々は、「米仕事」として朝5時から農作業をし、午後も陽が陰ってくると、「花仕事」として、共同で壊れた村の橋を修繕したり、農業用水路の堆積した泥を浚渫《しゅんせつ》したり、お祭りの準備など村全体の仕事をする。これによって、村の環境や文化、人、物事が絶えず栄えていくという考え方が、花仕事の根底にあるのです。

そして、「米仕事」と「花仕事」が両立してこそ、地域社会が持続可能《サスティナブル》な形で回っていくのです。

インバウンドという未来産業においては、自分だけ「米仕事」に取り組んでも、成功することなどできません。町全体が世界の観光客に選ばれなければなりません。まさにインバウンドの成功のためには、地域全体で訪日客を集客し、おもてなしするような「花仕事」的な発想と実践が不可欠なのです。

城崎には、地元で旅館経営などを始めて10代目というような、非常に古くからの住人の方々が大勢いらっしゃいました。誰もがコミュニティに対する意識が高く、わずか2日間の城崎滞在でしたが、会う人会う人、誰もが「花仕事」的な考え方と活動に高い価値を置いていることが見て取れました。

たとえば、城崎の旅館「森津屋《もりづや》」の若旦那である蜂須賀貴之さんは、「自分の旅館を売り込む前に、城崎という町全体を売り込んでいます」と話していました。森津屋さんは城崎でも一番インバウンドに熱心に取り組んでいる旅館のひとつで、今やお客さまの9割は外国人観光客で占められているとのこと。

「外湯など、街なかを訪日客の皆さんを連れて案内する際には、常に町内の仲間の店で買い物したり、飲食してもらえるきっかけが生まれるように意識していますね」

と、うれしそうに城崎の魅力と住民同士の絆《きずな》の深さについて語ってくださいました。

もうひとつ、城崎の興味深いところは、行政からの補助金だけに頼らないビジネスモデルを構築している点にあります。日本版ＴＭＯともいうべき、「株式会社 湯のまち城崎」を設立し、持続可能な町づくりを実践しているのです。

ＴＭＯとは、「Town Management Organization の略で、「まちづくり機構」などと称されます。温泉組合は温泉旅館だけの組織です。観光協会は、旅館だけではなく広く観光関係者が集う組織ですが、公共機関であり、自治体からの助成金を主な原資とする組織であって、収益を上げる事業会社ではありません。一方、ＴＭＯは町全体をひとつのテーマパークと見立てて、町全体の運営コストを削減し、同時に町全体の価値を高める公益企業体なのです。

（株）湯のまち城崎は、たとえば域内の温泉旅館のエレベーターの保守点検の取りまとめ、あるいはゴミの一括受付取りまとめなど、これまでは各旅館が自分のところで行っていたものを、すべて一元化したのです。これによって、個々の旅館施設の維持、運営に必要なコストを削減させるのと同時に、そこで浮いたお金の一部を収益とし、町づくりに必要なものに投資していけるような流れを作ったのです。このようにして補助金だけに頼ることなく、持続可能な町づくりを進めているのです。

これからの地域経営の先進的事例だと思います。皆さん、この町にぜひ一度足を運んでみていただきたいと思います。

【事例3】
――京都府かやぶきの里 ～共同体が支える景観

京都府庁の皆さんと先日、京都府南丹《なんたん》市美山《みやま》地区を訪ねてきました。かやぶきの里として全国的に有名なところです。ここのすごいところは、集落の農家のほとんどが今も農業を営み、決して観光用の博物館のようなものではないところです。かやぶきの古民家は今も生活の場となっているのです。美山の観光協会の方に伺ったところ、実は30年ほど前は今のような状況ではなかったそうです。当時、かやぶきの屋根は派手な色のトタン板で覆われ、朽ちかけた家、またベニア合板や新建材で改築された家も増えていたようです。集落内の合意《コンセンサス》を取りつけて1993年に「重要伝統的建造物群保存地区」の指定を受けてから、トタン屋根をはがし、伝統的な技法および部材を使って、現在のようなかやぶきの里の景観を復活させてきたのだそうです。

このかやぶきの里に隣接する地区で、かやぶき民家一棟貸しの宿泊事業を展開する茅葺《かやぶ》き職人の西尾晴夫さんを訪ねました。西尾さんは何と私と同じ佐賀県で幼少期を過ごした方ということで、この山里にも同郷人がいらっしゃることにびっくりしました。

素晴らしい古民家の中は広く、柱は黒光り。一棟貸しで一泊だいたい6万円。家族で借りればかなりリーズナブル。朝食は地元のベーカリーの焼き立てパンや地元の野菜や、村の牧場でとれた牛乳。夕食は何と、京都の一流寿司店の職人さんが、組み立て式のヒノキの寿司カウンターをネタとシャリとともに出前。深山の中で、一流のお寿司が食べられるオプションが用意されているとのこと。大自然の中の古民家で、京都の中心の一流の味が堪能できるのだからたまりません。欧米系を中心にインバウンドのお客さまに大人気とのことでした。

また、その連携の発想にもびっくり。大きな古民家は屋根裏も含めると広大です。私たちがおじゃました時間には、3名ほどの地元のおばあちゃんたちが屋根裏に上ってぴかぴかに床を磨いていらっしゃいました。4棟ある一棟貸しの宿は1チームでは足りません。朝食の食材、宿の運営、清掃チームなどインバウンド・ツーリズムは、少なからぬ地元の雇用をすでに生み出しているのです。

西尾さんは茅葺き職人の会社も経営しています。

「中村さん、今やこの美山町では茅は取れません。なぜでしょうか。このあたりは雪が多いのです。茅は、初雪が降る前に、いっせいに刈り取らないといけません。雪が降ったら濡れ

一棟貸しの古民家の屋根裏

かやぶきの里として全国的に有名な集落

てしまい、保管しても腐るため、乾燥した状態で取り込まないといけないのです。昔は村落共同体全員総出で晴れた日にいっせいに刈り取っていたのですが、今はそんなコミュニティはありません。今は雪の降らない四国や九州の茅を倉庫に保管し、この美山町をはじめ全国の茅葺き工事に使っているのです。かやぶきの里の景観は村落の文化・きずなが支えてきたのです」

なるほど、私たちが目にしている景観は、目に見えない共同体の文化が形成しているのだなということが西尾さんの説明で改めて分かったのでした。

目に見えるものを支えている目に見えないものが大事——。コミュニティの文化が大事なのです。

【事例4】

——佐賀県白石町　～磨けば光る、眠れるポテンシャル

佐賀県には、白石《しろいし》町というところがあります。杵島《きしま》山系の里山と有明海の広い干拓地と有明海の干潟で知られている町です。

何を隠そう、実はこの町は私の故郷です。最初に断っておきます。この町は成功事例などではありません。ただ、ポテンシャルを考えるという点においては、皆さんの参考になるのではないかと思います。

先般、佐賀県庁の地方創生担当の方々とともに、白石町の田島健一町長を表敬訪問してきました。急な訪問にもかかわらず、町長はご多忙のなか時間を捻出して会談の時間を作ってくださいました。飾り気のない、実直なお人柄がにじみ出ているような風貌の方でした。

当然、話題はわが故郷のインバウンドになったわけですが、そのとき町長は、

「いやあ。わが町出身の中村さんがインバウンド領域において、各地でご活躍という話を聞いてうれしく思っていますよ。でもですね。インバウンドといっても、残念ながらこのわが白石町には全く関係のなかい話ですね！」

と、謙遜しながらも断定的におっしゃったのです。

同じ佐賀県内には、たとえば嬉野《うれしの》にある嬉野温泉、唐津にある虹の松原や唐津城、吉野ヶ里にある吉野ヶ里歴史公園、呼子《よびこ》の朝市などがあり、それらの町に比べると、確かに白石町には一見何もないように思われたとしても当然です。実際、今のところ佐賀県内でわざわざ白石町に観光目的に出かけて来るという人は、残念ながらほぼ皆無でしょう。それなのに、ましてや外国人観光客をこの町に呼び込むというインバウンド戦略には、さすがに町長も考えが及ばなかったのでしょう。

「中村さん、実際白石町には観光協会もなかですよ。旅館もホテルも一軒もなかですよ」

白石町特産のたまねぎの収穫

それでも、私は白石町がインバウンドとまったく無縁の土地だとは思いませんでした。今は東京に出てきていますが、なにしろ18歳まで生まれ育った町。たいていの観光コンテンツは頭に入っています。

実は、白石町には長崎街道脇往還《わきおうかん》の宿場町が2つも残っています。「高町宿《たかまちしゅく》」と「六角宿《ろっかくしゅく》」がそれです。長崎街道とは江戸時代、鎖国政策を取るなかで、唯一海外に対して開いていた長崎の出島から、さまざまな舶来品や情報、文化が日本全国に運ばれるルートのひとつとして、大いに賑《にぎ》わった街道です。そういう歴史のある街道の脇往還の宿場町跡がわずかながら残っているにもかかわらず、白石町では、これまで誰も国内観光、いわんやインバウンド・ツーリズムに活用しようとしてはこなかったわけです。

それと、故郷自慢に聞こえてしまうかもしれませんが、宿場町跡以外にも、禅寺の古刹《こさつ》福泉寺、秋の稲佐《いなさ》神社のくんち（お祭り）では流鏑馬《やぶさめ》の神事。名水で有名な水堂さんや歌垣山《うたがきやま》。茅葺き屋根のクドづくり（コの字型の屋根）の古民家などの観光コンテンツ。

食も豊かです。「さがほのか」というおいしいいちご。れんこんや玉ねぎ、スイートコーンなどの農作物。佐賀海苔、ムツゴロウ、ワラスボなどの有明海の海の幸。食文化としては、須古《すこ》寿し。

また、隣接する鹿島の祐徳稲荷神社、武雄《たけお》温泉、竹崎カニの竹崎。ちょっと行けば、嬉野温泉、有田焼で有名な有田や伊万里の町などにも簡単に足を延ばせます。白石町までの交通アクセスも九州佐賀国際空港からは車でわずか30分足らず。それに、ＪＲ九州の駅が２つもあります。

磨けば光り出す観光資源はたくさんあるのです。

ただ問題は、それを磨こうとするリーダーがまだ出てきていないことです。これは、わが故郷、白石町に限らず、他の市町村にも当てはまることだと思います。インバウンドという言葉は耳にしていても、それを自分自身の身近な問題としてとらえ、どうすればインバウンドを用いて地域活性につなげるかというところまで考える人が、ほとんどいないのです。

私はこれから、ありとあらゆる市町村が、インバウンドを無視してはいられない時代が来ると確信しています。団体旅行（ＧＩＴ）から徐々に個人旅行（ＦＩＴ）が主軸になっていく過程において、東京、大阪、京都、富士山といった代表的な観光地ではなく、それこそ日本人でさえもほとんど意識することのない、地方の小さな町にも観光で訪れる外国人観光客が増えていくからです。

しっかり戦略を立てて情報を発信し、またコンテンツを磨き続ければ、わが白石町に関心を持つ外国人観光客が現れてきても、何の不思議もありません。つまりインバウンドは、有名な観光地だけの話ではなく、どの市町村にも関係してくる話なのです。私自身、故郷を後にして東京に出てきてしまっている人間のひとりとして、ぜひこの故郷にもインバウンドの小さな需要を生み出すきっかけづくりに非力ながら寄与したいと考えております。旅館やホテルがなくても、小さなゲストハウスを新たにみんなで作ってもいい。民泊もおそらく来春には解禁されます。そうでなくても農家民宿は今すぐにでも始められます。その土地に暮らすように旅をしてもらうこともできるのです。農業や漁業の体験も立派なインバウンドコンテンツになり得ます。

すべての町に無限の可能性が眠っているのです。

【事例5】
――東京都品川区　～ＯＪＴで学ぶ「英語少し通じます商店街」プロジェクト

ここまで何度となく、「インバウンドで外国人観光客をもてなすには英語が必須」という話をしてきました。団体旅行（ＧＩＴ）が中心の時代は、中国語や英語ができるツアーガイドが付くことによって、コミュニケーションの問題はクリアできました。

ところが、個人旅行（ＦＩＴ）が中心になると、ガイドを雇って旅する外国人観光客は限られてくるでしょうし、彼らが行く先も、英語ができる日本人が比較的いると思われる大都市圏ではなく、地方の小さな町にも来る可能性があるわけです。ある日、突然、外国人観光客が来て英語で話しかけられた時、あなたはスムーズに対応できるでしょうか。特に、あなたが何がしかの商売をしていて、その店先に外国人観光客が来て何かを買ってくれたとした場合、ここで全くコミュニケーションが図れないとなったら、商機を逸することにもなりかねません。その意味でも、やはり片言でもよいので、英語でコミュニケーションを取れるようにしておくのは、大事なことだと思います。

しかし、英語が必要だからといっても、わざわざ英語学校に通うのは時間的にも難しいという方も多いでしょう。そこで注目したいのが、2015年4月から東京の品川区がスタートさせた「英語少し通じます商店街」プロジェクトです。これは2020年の東京オリンピック・パラリンピック開催決定にともなってスタートした事業です。

初めてのプロジェクトは、旧東海道周辺商店街（北品川1・2丁目）で行われました。同商店街の八百屋、煎餅屋、リサイクルショップ、お茶屋、和菓子屋の5店舗が参加し、お客さん役として品川区国際友好協会の英会話講師2名と、私の友人である渡邊崇志さんが経営するゲストハウス品川宿（拙著『インバウンド戦略』（時事通信社）参照）に泊まっている外国人観光客1名が、各店舗を回り、買い物をしながら英語でやり取りをするという、非常に実践的な試みでした。

当然、外国人観光客はイングリッシュ・ネイティブで、日本語は話せません。最初は、お

外国人観光客を接客する和菓子屋

リサイクルショップで服を選ぶ紳士

店の人たちも困惑したようですが、英会話講師が一緒についてくれていることから、徐々に安心して対応できるようになったそうです。まさに英会話のＯＪＴみたいなもので、このコンセプトは非常に興味深いものがあります。お店の側もいろいろ考えることがあったようで、今後はメニューや商品名を英語表記にしたり、「英語少し通じます」という英字看板を出したりして、この試みを定着させていきたいということでした。

この試みの良いところは、どこの町でも簡単に始められることにあります。コストもほとんどかかりません。本当に、この文章を読んで興味を持ったら、明日にでも始められるほど簡単な内容です。

繰り返しになりますが、これからの時代、英語はおもてなしの基礎事項です。これなくして、外国人観光客へのおもてなしはありえないと言っても過言ではないでしょう。よくＳＮＳで情報発信をし、集客を図ろうとしているインバウンド関係者がいますが、仮にその成果があって外国人観光客が大勢来たとしても、その観光客に応対する人たちが全く英語できません、という状況だったら、おそらく外国人観光客は、その場はまあしょうがないと考えてくれたとしても、熱心なファンやリピーターになって何回もそのお店を訪ねようとはしないだろうと思います。ですから、ＳＮＳを用いた情報発信も大事ですが、それと同時により多くの地域の人々が英語を話せるようになるための訓練をした方がよいと思います。そして、その訓練はとてもハードルが高いものではなく、品川の「英語少し通じます商店街」プロジェクトのような先行事例を参考にすれば、誰にでも、いつからでも始められるものなのです。

私は昨年、『もうかるイングリッシュ』（朝日出版社）という本を執筆しました。この本のタイトルについては賛否両論だったわけですが、ややセンセーショナルなタイトルも、全国津々浦々の商店街で働いている、おもてなしの気持ちはよく理解していて実際に日々の接客で、その能力をいかんなく発揮しているのに英語が話せない、という悔しい思いを持っていた人たちに、少しでも手に取ってもらいたいと考えたからです。内容は、誰でも簡単に外国人観光客とコミュニケーションが取れる英語力が、本当にこの一冊を読むだけで身につけられるような仕組みになっています。興味のある方は一度、手に取ってみてください。

ちなみに日本人の場合、英語を話すにあたって、ネイティブのように上手に話さなければという意識が強すぎて、逆に話せなくなるケースが多いようです。

でも、よく考えてみてください。実際に日本を訪れる外国人観光客の8割以上は台湾、中国、韓国、香港、タイ、シンガポールそのほかＡＳＥＡＮ（東南アジア諸国）からの旅行者です。彼らは英語のネイティブではありません。つまり日本に来ている外国人観光客の大半は、自身も英語のネイティブではないので、流ちょうに英語を話せるわけではありませんし、私たち日本人に対しても、流ちょうな英語での会話は求めていません。ジェスチャーを交えて一所懸命に料理の説明をしてくれる名物女将の接客を楽しみに、何度もその宿を訪れているという外国人もいるくらいです。

別に、ネイティブ張りの高度なビジネス英語なんて、必要ないということです。大事なことは、相手とコミュニケーションを取ろうとする姿勢です。それさえあれば、No Problem!なのです。

【事例6】

――三重県松阪地区　～サミットの遺産《レガシー》を創造する

リオの五輪に加え、2016年のもうひとつの大きな話題としては、国内で実に8年ぶりに、5月26～27日に三重県志摩市の賢島《かしこじま》で開催された第42回先進国首脳会議（42nd G7 summit）、通称「伊勢志摩サミット」が挙げられることでしょう。この三重県志摩市が会議の舞台として選ばれた理由としては、「会場となる賢島が四方を海水に囲まれた狭い島で人の出入制限が容易なことなど、警備面を重視した選定となった」といったような報道がよくなされました。確かに、そのような面も大きかったのでしょう。しかし私は、今回この三重が選ばれた一番の理由は、ここ賢島が風光明媚《めいび》な景観を有することはもちろん、この伊勢志摩の地が豊かな食文化に恵まれていること、伊勢神宮をはじめとする古い文化と歴史を有していて、世界の首脳をもてなすのにふさわしい地であると判断されたからだったという点は、間違いないと思っています。

サミットでは、安倍晋三内閣総理大臣をはじめ、フランスのフランソワ・オランド大統領、アメリカのバラク・オバマ大統領、イギリスのデーヴィッド・キャメロン首相、ドイツのアンゲラ・メルケル首相、イタリアのマッテオ・レンツィ首相、カナダのジャスティン・トルドー首相、欧州連合のジャン＝クロード・ユンケル委員会委員長とドナルド・トゥスク理事会議長などが参加。そうそうたる世界の首脳が、一同に会して世界の課題について話し合いました。

三重県庁さんは、実は開催が決まった1年前から県民の皆さんのサミットへの関心を高めるためのさまざまな準備を始めていました。そして、そうした各種施策の一環として、「第2回伊勢志摩サミットフォーラム」が今年1月16日に、県内の鈴鹿にある大学の大講堂で開かれました（98ページのコラム参照）。

私は基調講演者として、また三重県知事の鈴木英敬氏がコーディネーターを務められるパネルディスカッションのパネラーの一人として登壇しました。大きな会場は、７００人近い来場者ですごい熱気に包まれていて、県民の皆さんのボルテージの高まりを感じました。「伊勢志摩サミットのレガシーを生み出す〝おもてなし〟戦略とは」と題した私の基調講演では、残すべきレガシーとして「アフィニティ（affinity）」という概念を紹介しました。もともとは、「（同源性の自覚に基づく）親近感」という意味で、最近ではインバウンド支持率の意味で使われます。私は来場者に、アフィニティとは「訪日客を、よそよそしい見知らぬ人々としてではなく、未来の地域の経済（くらし）の一部を担ってくれている大事な仲間として認識する考え方」であると紹介し、今回のサミットで来訪される首脳をはじめとする全世界からのお客さまを、県民全員でおもてなしする心構えの重要性を説いたのでした。

ご存じの通り、サミットは無事にそして成功裏に終了。私は、遠くから今回の成功を眺めていました。すると、うれしいことにこのサミットの後に、県庁の方から再び声をかけていただきました。サミット後の具体的なレガシー創出のために、三重県庁さんはアフターサミット・セミナー（タウン・ミーティング）を企画し、私を地域の首長の皆さんとご一緒する魅力的な会議に招いてくださったのです。

私は、今年7月19日から20日昼まで三重県庁の方々と共に、松阪地域1市3町（松阪市、大《おお》台《だい》町、多気《たけ》町、明和町）を巡り、地域内の主要な観光資源を駆け足ながらくまなく視察しました。そして2日目の午後、それら4つのまちの首長の方々と共に「三重県、松阪地域トップ会議」に臨んだのです。

階段状の美しい回廊
（多気町）

復元された斎宮（明和町）

この1日半の視察旅行の移動距離なんと250キロメートル超。三重県（それも今回はそのほんの一部）がこんなに広いとは思っていませんでした。私は、この地域の観光コンテンツのポテンシャルの高さに驚きました。もちろん、そのほとんどはインバウンドの視点から見ると、まだ少しも磨き上げられてはいませんでした。正直いって、原石のような状態でした。

その三重県の松阪庁舎で行われた会議は、実に興味深い企画となっていました。①まず、私が基調講演を行った後、②首長の皆さんに自らの町のインバウンド戦略（その課題）を順番にプレゼンテーションしていただきます。そして最後に、③私が1日半かけて実見した知識に基づいて、首長の皆さんとこの地域全体のインバウンド戦略（サミットのレガシー）について公開討論を行いました。中央のロの字テーブルの、私の面を除く各首長の皆さんら3面の背後には、各々のまちの職員さん等の観客百数十人が見守っていらっしゃいました。実にユニークな公開会議の仕立てとなっていたのです。

2015年3月に町全体が国連教育科学文化機関（ユネスコ）のエコパークに認定された大台町の尾上武義町長は、「わが町の売りは自然資源。しかし、これまでは観光分野において役場が先走り、どんどん施策をやって、住民に後からついてきていただくという形になってしまっていた。本来、住民を応援するのが行政だが、待っていたら地域おこしができないので、やむなくやってきたのだ。仕掛けを待つ体質が大きな課題として横たわっている」とまず自らの町の課題を吐露されました。

また、多気町の久保行央町長には「町内にある高校生レストラン〝まごの店〟や、農村レストラン〝まめや〟などの個性的な飲食店の取り組みを紹介しながらも、宿泊する場が足りない。今後は建設計画が進むリゾート施設〝アクアイグニス多気〟に期待したい。外客に滞在して健康になって帰ってもらう取り組みをしていきたい」と課題と構想を明かにされました。

また、松阪市の竹上真人市長も、「市民意識調査で〝松阪市は観光地であるか〟という問いへのYESの回答は3割にとどまり、がくぜんとした。（住民の皆さんが）自らの町を観光地だと思っていない。まだおもてなしをする姿勢になっていない。まずは市民の皆さんに、長谷川家住宅、松阪城など、わが町にはこんなに素晴らしい観光資源があることを理解し、知っていただかないといけない」と述べられました。

そして、国史跡・斎宮《さいくう》跡を擁する明和町の中井幸充町長は、「伊勢神宮の式年遷宮の時、斎宮には全くと言っていいほど来ていただけなかった。PR不足だった」と話され、その他の観光面における町の各種課題についても具体的に指摘してくださいました。

皆さん、リアリストでした。また、自地域の課題を率直に口にされる正直さに頭が下がりました。私と首長の皆さんは2時間半以上にわたって、白熱の討論を展開しました。

私は、「各自治体が、弱みと強みを持っている。地域連携することで、この地域の可能性は何倍にも広がる。たとえば、大台町には素晴らしい大自然がある。一方、松阪には歴史的資源がいっぱいある。宿泊施設も交通施設もある。連携して世界に発信して、協力しておもてなしすれば、広域での相乗効果《シナジー》が生まれる！」という趣旨の発言をして、会議の締めくくりとしました。今回のアフターサミット戦略としてのタウン・ミーティングに大きな手ごたえを感じました。

私は、これを「三重県レガシー方式」と名付けて、これから全国で開催できたらと考えています。わずか数日の取り組みによって、市町村のカベを乗り越え、都道府県庁と市役所・役場間のカベを乗り越え、公民のカベを乗り越えるきっかけが生まれることが分かったからです。インバウンドは、地域連携、広域連携、公民連携の力なくして、決して成功することはできません。

視座 Column 4

街道ツーリズムの可能性

2016年3月、念願かない、東海道五十三次の中で、2カ所しか現存しないという本陣(参勤交代の殿様が投宿した宿)の残る宿場町のひとつ、愛知県豊橋市の「二川宿《ふたがわ》」を訪れた。東海道の宿場町は、どこも明治期以降、急速な近代化にもまれ、太平洋戦争時の空襲によってほぼ壊滅的痛手を受け、ほとんど残っていない。今や東名/新東名高速道路や新幹線が東海道の幹線となり、旧東海道は歴史の彼方に忘れ去られてきた。ところがそんな東海道において、400年前の宿場町の原形が残り、さらに本陣の建物まで残る二川宿というのがあると以前耳にした際、「それは奇跡だろう」とずっと憧れていたのだ。

豊橋市での講演後、市の関係者の計らいで、NHKの人気テレビ番組「ブラタモリ」のような感じで、詳しく専門家に宿場町全体を案内いただいた。本陣は天井も高く、駕籠《かご》も随行員もまるごと収容可能な大屋敷、隣接する旅籠「清明屋」や商家の「駒屋」、その他街並みも綺麗に修復され圧巻だった。市の担当者の説明によれば、近年ようやく地域住民のコンセンサスが取れるようになり、修景整備も進んだとのこと。以前は、なぜ自由に建て替えできないのかと、地元民の間でも不満があったようだ。今は違う。住民の意識も変わってきたという。実際、青空のもと、江戸時代さながらの緑豊かな自然とのどかな歴史的景観に見惚れているうち、私はこの宿場町にそのまま住みつきたい衝動に駆られた。

しかし問題もあった。街並みそのものは文化財ではない。当然市民の私有財産だ。重要文化財指定外の一般の古民家は朽ちたら壊される。市の税金で修復し保存維持するには莫大な予算が必要だ。二川宿の街並みも刻々とビルや新建材の住宅群にとって代わられつつある。未来永劫この景観全体が受け継がれる保証はない。税収にも限りがあり持続可能ではない。上記の施設はすべて市の予算で運営されているという。収益を生み出す事業性はない。平日ということもあり、街には国内外問わず旅人の姿は残念ながらほぼなかった。そもそも金を稼ぐ装置も訪問客がお金を支払う対象もこの街にはほぼない。

一方、私はつい最近わが故郷、佐賀市での講演の後、長崎街道の宿場町「柳町」にも案内いただく機会があった。わが古巣ながら、ここを訪れたことはなかった。衝撃を受けた。江戸時代の風情に加え、明治・大正期の銀行跡の洋館や商家が軒を連ね、昔の時代にタイムスリップしたかのような錯覚を覚えるほど街並みが残っていた。古い建物群は二川宿同様、最近市役所の予算で修復されたという。しかし、それら建物は税金で維持しているのではないとのこと。担当者に尋ねた。「どうやってお金を稼いでいるのですか」「建物を民間事業者に賃貸しています。インバウンドも意識して業種を選んでいます」。驚いた。商家群に実際に入った。地元産の嬉野茶の茶葉を使った紅茶専門店、訪日客に着物をレンタルする貸衣装屋、伝統工芸の工房などが軒《のき》を連ねていた。訪日客も散見された。歴史的価値は二川宿に軍配が上がるだろう。しかし、どちらが楽しいかというと、こちらだった。

金を使うほうが観光は楽しい。税金ではなく、民間の活力で運営するからこそ、持続可能となる。官民協働の新しいモデルを発見した思いがした。灯台もと暗し。故郷の頑張りに励まされた。日本中には今も朽ちかけた宿場町が山のように眠る。インバウンドの時代には、これらの忘れられた庶民の文化財も復活可能だ。私はこの日、朽ち果てつつある日本中の街道の古民家群を、観光立国時代の〝稼げる文化財〟へと変えていくヒントを見つけた気がした。

第4章

インバウンドを成功させるための「7つの力」

皆さんの身の回りを見渡してみてください。たとえば、皆さんが毎日乗っている車や列車や、日々手にしているスマホやタブレット。これらのすべての物は誰かが「これを創ろう！」という意志を持っていなかったら、この世に存在していません。街の風景、今の日本や世界の法制度や国家。ひとりでに出来上がった人工物などひとつもありません。必ず誰かが、無から有を生み出し、その〝有〟をさらに良い〝有〟へと変えてきた、進化させてきたのです。

リーダー（leader）と聞くと、人によっては、私には関係がない、私がリーダーになるなんて荷が重い、と感じられる方もいらっしゃるかもしれません。しかし、すでに第2章の末尾「【戦術⑤】――縦社会からフラットな人間関係へ」において述べたとおり、これからの社会では、リーダーは必ずしも私たちの上に立つ存在ではありません。私たち一人一人が水平的な関係において、互いにリーダーと成り得るのです。いきなり大きな事を始めたり、多くの人の先頭に立つ必要はありません。各自ができる小さな〝創造〟、すなわちほんの小さな改善を、ほんのささやかな提案を、毎日まわりの人々に働きかけてリードしていけばいいのです。

観光立国も地方創生も、ある日突然誰か偉大な指導者が現れて、いきなりバンバン物事が進むことなどありません。まず、私たち庶民一人一人が自分自身のリーダーとなり、そして各々の所属する組織の周りの人たちに小さな良い影響を及ぼしていくのです。世界は誰かが導くのではありません。〝私たち〟が自ら考え行動し、私たちが未来を担《にな》うのです。

インバウンドリーダー。文字どおり、インバウンドビジネスそして地方創生の領域において、地域の先頭に立って周りの人々を導くことのできる人（すなわち、皆さんお一人お一人）のことを指しています。

今後、インバウンド3・0、そして同4・0の時代の実現に向けて、人口減少が明確になる2020年代以降も衰退しない持続可能な地域社会をつくり上げていく、すなわち地方創生を実現していくためには、日本全国のすべての町において、インバウンドリーダーの存在が不可欠となります。

では、インバウンドリーダーとなるためには、必要な資質とはどのようなものなのでしょうか。インバウンドリーダーが兼ね備えておくべき資質を、次の7つの力に分けて考察してみたいと思います。

【条件1】考える力
――インバウンドと公共哲学

第3章で取り上げた各種事例の中で述べたとおり、インバウンドの分野において成功している地域は、明確なビジョンと戦略を持っています（未達の地域には、残念ながらまだそれがありません）。その価値あるビジョンと戦略を考える力を備えていることこそが、インバウンドリーダーの重要な条件になります。

考える力とは、誰かの真似をすることではありません。どこかで聞いてきた教えを、ただ周りに吹聴することではありません。考える力とは、無から有を生み出す力なのです。

それゆえ、考える力は、他のいかなる能力とも違って、ただもっぱら「哲学」的訓練によってのみ養われるのです。「哲学」という日本語は、150年ほど前、西欧の言葉の翻訳語として生まれました。哲学の起源は西欧ではありません、古代ギリシャです。（ちなみに、現代文明のフレームワークを形づくっている主要概念は、ほぼすべて古代ギリシャに直接由来しています。たとえば、政治〈ポリティクス〉、経済〈エコノミー〉、技術〈テクノロジー〉、民主主義〈デモクラシー〉、戦略〈ストラテジー〉、五輪〈オリンピック〉などなど）

ギリシャ語で、哲学はフィロソフィア（philosophia）といいます。哲学はおよそ2400年前、古代ギリシャのソクラテス・プラトン・アリストテレスらによって大成されました。このフィロソフィア（philosophia）という言葉の語源を探っていくと、フィロとソフィアに分解されます。それぞれの語義は、以下のようになります。

philo（フィロ）……………愛する・探し求める

sophia（ソフィア）…………智恵・最上の答え

つまり、「智恵・最上の答えを愛し、探し求める」営みが「哲学」なのです。インバウンドの領域においては、自分（自社・自地域）の利益のみを追求するような利己的なアプローチでは小さな成功しかできません。自らの周りの人々、他社・他地域をも巻き込んで展開していく、公共性の高い事業です。だからこそ、公共哲学（public philosophy）の考えに則《のっと》って、どのようなビジネスモデルを構築すればよいのかということを、しっかり考える必要があると思うのです。

ここでもう少し、「哲学」について触れておきましょう。

ヨーロッパ社会で、政官財の第一級のエリートになるためには、大学院レベルにおいて3つの学問が必須とされています。その学問領域とは、〝数学〟、〝歴史学〟、そしてこの〝哲学〟です。このうち哲学は、古代ギリシャの時代から「知のテクノロジー」と位置づけられ、その本質は対話、すなわちダイアローグにあるとされてきました。他者との哲学的対話を通してのみ、最上の答えを見つけ出し得るのです。哲学をマスターレベルまで修めていない人は社会のエリートにはなれないのです。

しかし、日本には本来的な意味において、哲学的ディベートのできる人がほとんどいません。なぜか。日本では、哲学的訓練を高等教育課程において受けることがほぼないからです。だからこそ、今後はそういう人物を育てていく必要があると思われるのです。

インバウンドの本質は、世界レベルの視点に立ち、数十年後の世界を考えられるロングスパンの視野を持ち、人々との国際的交流を通じて自分（自社・自地域）を生かすのと同時に、他者を生かすことにあります。そしてそうしたさまざまな交流のなかから、わが町のアイデンティティーに気づき、それを深め共有していくのです。

【条件2】示す力
――地域の「未来予想図」を明確に示す

インバウンドの成功事例を取材していると、それらの町は伝統的な景観をとても大事にしていることが分かります。すでに事例として紹介したとおり、昭和初期の風景がほぼそのまま残っているかのような城崎《きのさき》温泉がそうですし、高山市も冷凍保存状態といっても過言ではないほど古き良き景観が残されています。歴史を今に残している町の景観は、インバウンドのポテンシャルの高さに直結します。

ところが、そうした伝統的景観をそのまま残している町（修景《しゅうけい》の成果も含みます）は、日本全国を見渡してみると、むしろ極めて少数派であることが分かります。むしろ日本のほとんどの町が、これまで歴史的景観・街並みに価値を見出してこなかったのです。地方の主要駅は、まるで首都圏の駅かと見まがうかのような立派だけれど無個性な高架駅。駅前には、どの街にもあるようなビル群。港湾は周りを不必要なほど長大な防潮堤に囲まれ、かつてはさぞ美しかったであろう海岸線は今や護岸のためのテトラポッドに覆いつくされ、河川の岸辺はコンクリートでがちがちに固められ、町なかには電信柱が立ち、電線が空を覆い、無秩序な立て看板が立ち並ぶなど、景観を損ねる要素は枚挙にいとまがありません。

日本人はなぜ、かくも歴史的景観を大事にしてこなかったのだろう。ヨーロッパに行くと、どの国のどの町も伝統的・歴史的景観をとても大事にしているのに、と私には常に不思議に思え、その理由は長い間謎でした。私のその謎が解けた気がしたのが、先日の米子出張の旅だったのです。講演会の後、鳥取県庁と米子市役所の皆さんにお連れいただき、初めて米子城を訪ねました。お城というと、おそらく多くの方が、石垣の上に幾重にも甍《いらか》が重なった壮大な天守閣がそびえているというイメージを、思い浮かべられることでしょう。

しかし、米子城跡には驚くほど立派な石垣群が残っているのに、天守閣そのほかの御殿や櫓《やぐら》は何ひとつ残っていませんでした。天守台から城下を眺める景観は息をのむほど素晴らしかったのに、その一方で、江戸時代の建物は何も残っていません。かつては城下町として、さぞや賑わったであろうと思われる米子市の城下町・町人町の面影も、ほんのわずかな痕跡しか見当たりませんでした。

なぜ、このようなことになってしまったのでしょうか。

市役所の方々からその答えを聞くことができました。

「中村さん、米子は江戸時代、北前船《きたまえぶね》航路の重要な港でした。米子は城下町であると同時に商都としても栄えたのです。大阪の文化的な影響も大きく、米子は江戸の文化に加えて商都大阪の文化を大きく取り入れて繁栄してきたのです。その時代・その時代の中心地で流行《はや》っている最新モードをいち早く取り入れることこそが、米子人の心意気・美意識であり、プライドだったのです。当然、明治時代になれば、新しい文明開化の時代となります。古い江戸時代のスタイルを捨て、新時代のモダンなインフラを整備することが町の発展の証しであると考え、古いものをきれいさっぱり捨ててきたのです。お城は廃城令に基づいて明治初期、士族に無償で払い下げられ、その後さらに当時の金30円で古物商に転売され、石垣を残して建造物はすっかり取り壊されてしまったんです」

なるほど。このご説明によって、私は米子の町の現状だけでなく、日本全体の古き良き景観が消滅し続ける理由がはっきりと分かった気がしたのです。

しかし、今や時代は大きく変わりました。地方は、中央の文化を模倣し、自己を中央と均質化することで発展することはもはや不可能な時代となったのです。これからは、中央の真似ではなく、むしろ地域の独自性・固有性を守り、取り戻すこと。朽ち果てたものであっても、磨き再生すること、忘れ去られた価値を復活させること、すなわち均質化の逆の「非均質化・差別化」戦略こそが、地方の町が生き残っていける唯一の道だと思うのです。

地域のリーダーは、この時代の転換を強く意識して、インバウンド3・0、同4・0時代における新しい価値観に基づいた自らの地域のまちづくりビジョンを明確に持ち、内外に示さなければならないと思うのです。

きっと皆さん誰もが、ジグソーパズルで遊んだ経験があると思います。完成図を見ながら、ひとつひとつのピースを並べるのと、完成図を一切見ることなく並べるのと、どちらが先に完成させられるかを考えてみてください。言うまでもありません。最初に完成イメージがある場合と、ない場合では雲泥《うんでい》の差が生じることでしょう。完成イメージがない場合、もしかしたらそもそも完成できないことさえあるでしょう。また、間違ったイメージに基づいていたとしたら、どれだけの時間を費やしても、ジグソーパズルは永遠に完成しないことでしょう。

目先のことだけでなく、将来の地域のインバウンドの成功イメージ、地域の未来予想図を、まさに「ビジョン」を、常に明確に指し示す力こそが、インバウンドリーダーには強く求められているのです。ビジョンなきインバウンドの、そして地方創生の成就はあり得ないのです。

【条件3】巻き込む力
――「従う力」を持ったお節介

どんなに深く考えられる力と示す力を持ち合わせていても、その考えやビジョンに、周囲の人々を巻き込めない限り、ひとりだけの孤独な活動になります。また、どんなに優秀な人でも、ひとりだけでは、ビジョンを世の中に広めることはできません。社会を変えることもできません。仲間・同志が必要なのです。そして、そのためには、自らの考えやビジョンへと、周りを巻き込む力が不可欠となります。

もちろん、人々を巻き込むためには、上述のとおり巻き込むに足る、渦《うず》のような、強い磁石のような強い吸引力が必要です。その吸引力の源泉は、考える力で生み出されたビジョンです。では、その価値あるビジョンをどう発信し、どう人々を巻き込むのか。その答えはずばり、

「お節介を焼くこと」だと思います。

お節介。辞書を引いてみると、「求められてもいないのに、他人のことに必要以上に立ち入って、よけいな世話を焼くこと」などと書かれています。

「別に今、じり貧でもやっていけているよ」とか、「私の代は何とかなるよ。あとのことは

知らない」という気分の周りの人々に、「これからはインバウンド振興が不可欠です！」とか、「地方創生戦略はまったなしなのです！」などと、ビジョンを発することは、お節介以外の何物でもありません。お節介にはたいてい、反発も生まれます。その反発を乗り越えてお節介を焼く際に、私たちに勇気を与えてくれ、心の武器弾薬となるフレーズがあります。ＪＡＬの再生を成し遂げた稲盛和夫さんの言葉です。

「動機善なりや、私心なかりしか」という言葉です。

世のため人のために尽くそうという純粋な気持ちが自らの中にあるかないかを問い、それが純粋な動機に根ざしたものであれば、勇気をもって進むべしという教えです。私利私欲を捨て、地域社会に臨めば道が開けるというわけです。しかし、同時に人の話は聞かず、自分の考えだけで突き進んでいたら、それは本当のお節介となり、「ありがた迷惑」ともなり得ます。

では、どうするか。それは、

「巻き込み力＝巻き込まれ力」

という考え方に立つことです。自分は人々を巻き込みたいが、自分は他人の考えに巻き込まれたくないというような、自分勝手な人とともに歩む人などいません。

米国の海軍士官学校で最初に叩き込まれるのは、実はリーダーシップ＝導く力ではありません。何よりもまず先にフォローワーシップ（Followership）＝従う力を徹底的に仕込まれるのです。たとえば、もしある下士官が上官や参謀本部の指示に従わず、勝手に作戦行動をとったら、もしかするとその下士官が率いた部隊は全滅するかもしれません。さらに、他の部隊までも危機にさらす恐れさえあるのです。従う力を欠いたリーダーほど、迷惑な存在はありません。また、人の言うことには耳を貸さず、我流・我説にだけとらわれた人はそもそも、相手にされません。優秀なリーダーはまず、最新の情報に学び、周りの人々の意見に耳を澄ます必要があるのです。垂直的な縦のリーダーシップではなく、水平的な、フラットなリーダーシップを発揮できなくてはならないのです。

常に素直な心で人々に接し、何かを教えようとする前に、まず常に自分の方こそ何かを学ばせてもらおうという姿勢。これが逆に人々を動かし、人々を巻き込む原動力となるのです。では、より多くの周りの人々を巻き込むために、具体的にはどうすればよいのでしょうか。この点については、今の時代、本当に便利になったと思います。昔は、自分が考えているアイデアへと、社会・人々を巻き込もうと思ったら、まず有名になってテレビやラジオに出演したり、認められて雑誌や新聞に論説・論文を寄稿するしかありませんでした。社会に対して発信し、人々を自分の考えに巻き込めるのは、かつてはほんの限られた人たちだけに許された特権だったのです。

ところが今は違います。ツイッターやフェイスブック・LINEのようなSNS、あるいはブログなどがあるので、誰もが自由に自分の考えを発信できます。たとえばフェイスブックなどでは、誰が「いいね！」を押したのかが一目で分かるので、賛同者を探す上でも有効なツールです。下手な言葉遣い、相手の感情を慮《おもんばか》らない独りよがりな発信をすれば、たちまちのうちに炎上する恐れもありますが、そこを注意し、「動機善なりや、私心なかりしか」という問いを常に自らに問いながら思いを発信し続ければ、周りの人々を自分のビジョンに巻き込んでいく上で、SNSは大いに役立つものとなるでしょう。また、英語などの外国語で思いを発信すれば、国内だけではなく世界中の人々に瞬時に自らの考えを拡散でき、「いいね！（英語であればLike、中国語であれば賛）」の数が増え、また世界中にあなたの町の魅力や価値を届けることができるのです。

【条件4】醸《かも》す力
——利害を超えて地域を統合する

既述のとおり、私は国内外各地にほぼ毎週講演や講義で出かけます。そうした出張の旅の楽しみのひとつは、食に加えて、夜のお酒です。ビールで乾杯の後は、やはりご当地の地酒ですね。日本のご当地の伝統食に合うのは、やはり日本酒だと思います（中・南九州では、これが焼酎となり、沖縄ではこれが泡盛となるわけです)。日本酒は、魚介類の臭み消しや香り付けなど調味料・隠し味としても、和食の調理には欠かせません。日本酒はアジア特有のユニークな醸造法で生まれます。これは「並行複発酵《ふくはっこう》」と呼ばれています。

たとえば、ワインの原料のブドウは、もともと糖分が含まれているので、わざわざ糖化する必要がありません。アルコール発酵だけでよいので、こちらは「単発酵《たんはっこう》」と呼ばれています。一方、お米(酒米《さかまい》)はデンプンなので、まずいったんこれを糖分に変えないといけません。そしてここからさらにこの糖分をアルコール分へと化学変化させる必要があるのです。しかも日本酒を醸す際には、この過程がバラバラにではなく、同時並行的に行われます。これによって、複雑で深い味わいのあるおいしい日本酒が出来上がるわけです。(洋酒やビールの製造過程では、糖化とアルコール発酵が同時ではなく別行程でなされるので、「単行複発酵」と呼ばれています)

第3章で水戸岡鋭治さんの「米仕事」と「花仕事」の考え方を紹介しましたが、私は、この水戸岡さんの、米仕事と花仕事の循環論に強くインスパイアされ、インバウンド関連の講演や講義の際に、よくこの考え方を紹介するようになりました。それは、私自身、佐賀の白石町の農家の息子として実体験を通して共感していたからでもあります。また実際、インバウンド、そして地方創生の領域で成功する上で、自社の仕事(米仕事)だけ頑張っても、地域社会全体に訪日客がやって来るように地域社会全体への働きかけと貢献（花仕事）をしていかない限り、誰も成果を手にすることはできないからです。

過日も、ある地方のインバウンド関連のシンポジウムの場で、この「花仕事と米仕事」の話をしました。

すると、その際、一緒に登壇した地元の大学教授から、

「中村さん、なるほど。ところで漢字では、米ヘンに花のツクリで糀《こうじ》になりますね。糀がないと日本酒はできません。確かに両方の仕事が必要ですね！」

といううれしいコメントをいただいたのです。

「あっ」と思いました。そうなのです。糀《こうじ》が大事なのです。

地域の訪日観光にたずさわるプレーヤーは実にさまざまです。地元のインバウンドの成功のためには、飲食・物販・宿泊施設・観光拠点、そして行政や観光協会などの公共セクター、これらのすべての担い手が有機的に連携して世界に情報発信し、外客をおもてなししなければなりません。これらの関係者の皆さんは、酒の原料である酒米《さかまい》にたとえられます。しかし、どんなに良質のお米があっても、これを糖化・発酵させてアルコールを醸造するためには、その化学反応を引き起こし続ける、良き「糀」となる人材が不可欠となるのです。

ではその糀人材とはどんな人物像であるべきでしょうか。それは、言うまでもありません。

地域のバラバラの利害を超え、官民のカベを越えて、それらの各要素を統合し、おいしいお酒（一体感のある地域）を醸《かも》す力を備えたリーダーなのです。

そもそも、糀の語源は、動詞「かもす」の連用形「かもし」が転訛して「こうじ」になったともいわれています。糀、すなわち醸す人こそが、地域におけるインバウンドの成功のカギなのです。それゆえ、「花仕事」と「米仕事」の両方にひたむきに取り組み、地元を醸し続けている優れた人々との出会いは、地元のおいしい酒との巡り合いとともに、私の旅の至上の楽しみとなっているのです。

インバウンドリーダーが巻き込んだ人々は、やがて醸されて、地域全体が、まるで大吟醸のおいしいお酒のようにひとつのチームへと成長していくのです。

【条件5】貫《つらぬ》く力
——ぶれることなく愚直に戦略を実践し続ける

たとえば飛騨高山市の成功事例は、既述のとおり、30年超という非常に長い歳月をかけた結果であることを、忘れてはならないと思います。

日本人は、えてして物事を短期的に考えがちで、それこそ1年、2年で成果が上がらないと、「もうやめた」などと言って投げてしまう傾向がありますが、たったの1年、2年では、インバウンドを成功させることはできません。明確なビジョンを貫き、10年、20年単位で続けることにより、初めてインバウンドは根づいていくのです。

　そのために大事なことは、ぶれることなく、ビジョンに忠実に、そして愚直に戦略を実践し続けることです。そもそも、なぜこの日本にインバウンドが必要なのかを突き詰めて考えると、人口が減少の一途をたどっていくなかで、持続可能な地域社会をつくっていくという解にたどり着きます。

　しかし、インバウンドを主軸にして持続可能な地域社会を築いていくためには、飛騨高山の事例が示しているとおり、長い時間を要します。だからこそ、インバウンドリーダーには初志貫徹、つまりは貫く力が求められるのです。

　なぜ、初志を貫徹できるのか。それは、まず最初の志そのものの中に一貫性があるからです。目に見える個々のもの（コンテンツ）の背後において、これらを貫くもの（コンテクスト＝文脈）があるからです。目に見えるもの《コンテンツ》は、目に見えないコンテクストに支えられ、貫かれていなければなりません。インバウンド成功のための、Wi-Fi整備や、パンフレットや語学研修や、おもてなしや、多言語表記や、海外セールスなどの（たとえそれらがそれぞれとても大切なものではあっても）個別のコンテンツ戦術だけに追われ、本来のコンテクストをなおざりにしていては、30年というような長期戦略は組めません。

どんな時代の荒波をも乗り越え、さまざまな困難を乗り越えていく強靭な「貫き通す力」がインバウンドリーダーには不可欠なのです。

【条件6】売る力
――価値ある「思い」を抱き、他者に与える

日本は、既述のとおり、1995年を境に、15歳以上65歳未満の生産年齢人口（現役人口）が減少し始めました。長寿命化によって高齢者層が増え、人口そのものはその後も2008年頃まで増え続けましたが、その後は、人口そのものも減り始めています。

この25年間、日本は「失われた25年」などという言葉があるとおり、成長どころか、一人当たり名目GDPも世界中の先進国をはじめ新興国にさえ抜かれ、年々順位を下げ、今や26位に落ちています（2015年）。90年代半ばは世界3位だったものが、かくも順位を落としているのです。わが国の債務残高（国、地方自治体、社会保障基金の合計）は、今や1200兆円を超え、国内総生産（GDP）比で約250％に達しています。債務残高が一気に増えたのは、すべてこの1990年からでした。生産年齢人口の減少を、借金でいわば〝補てん〟してきたのです。

人口・生産年齢人口が伸びている時代は、納税者も納税額も増えました。政府も自治体も、

「富の再分配」さえしていればよかったのです。

でも、今は違います。行政機構は、赤字国債＝借金という「偽の錬金術」に頼らない、真の「富の創出」機能を持たねばなりません。しかし、国にも自治体にも、ごくわずかの例外を除いて、富の創出ができる人材はまずほとんどいません。

日本版ＤＭＯも、国からの交付金に依存した組織である限り、独り立ちはできないでしょう。まさに、インバウンドリーダーに必要な力、それは「売る力」なのです。

「売る力」とは何でしょう。売るということを考えてみましょう。

私の専門は、既述のとおり、哲学です。哲学は、たとえば化学や工学のように、実験材料や装置を使いません。用いるのは、言葉《ロゴス》のみです。

当然、どんな時も、言葉の源泉を探り、言葉の本質を探っていきます。「売る」は英語で sell（動詞）といいますね。名詞形は sale（売ること）です。皆さんこの sell の語源をご存じでしょうか。それは、「与える、手渡す」という意味でした。なぜでしょうか。経済人類学の知見が示しているとおり、貨幣経済の前は物々交換経済、そしてそれ以前は「贈与（与える）経済」だったのです。私たちの遠い先祖は、贈与し合うことを通して、原人から人類へと進化しました。見返りを顧みず与えたのです（純粋贈与）。この贈与が反対給付を誘発し、人々はやがて交易に乗り出し、文明が誕生したわけです。

見返りを求めてばかりで、「見返りがないなら動かない」というような考え方では、人を動かすことはできません。まず価値ある考えを示し、巻き込み、醸し、与えなければなりません。こちらにある「思い」と「価値」を先に手渡さなければならないのです。短期的には見返りが来なくても、与え続けねばなりません。これはまさに「花仕事」です。貢献、奉仕。純粋贈与ですね。これはボランティア活動ではありません。「花仕事」は「仕事」なのです。与え、手渡すのは、モノではありません。お金でもありません。価値《バリュー》です。価値ある思いは、必ず富という反対給付を引き寄せます。

「売る力」とは、まさに価値ある思いを抱き、これを他者に与える力なのです。その力の周りには、その価値を認める人々が集まり、その地域に富を引き寄せ、富が創出されるのです。地域の協力者も、海外からのインバウンドの旅人も、そのリーダーが創出し、与え続ける価値《バリュー》に引き寄せられて集まってくるのです。目に見えるモノではなく、その目に見えるモノを支え、惜しみなく与え続けられる思いに惹き寄せられて、人が富がやって来るのです。

【条件7】育てる力
――次世代の若いリーダーにバトンを渡す

地方における最大の問題は、老害です。これは地方に限らず、国、東京のような大都市圏でもそうなのですが、なんとかして自分の今のポジションにしがみつこう、権限を手放さないようにしようというご老体が、非常に多いような気がします。（ご本人の主観的思いは、当然違います。若い者がふがいない、俺が頑張らないとダメなんだ、等々）

なぜ、そうまでして自分のポジションにしがみつこうとするのでしょうか。

ここでは、その批判はあえてしませんが、このように権力にしがみつこうとする老人が多いのは、既述のとおり日本の社会が垂直構造（縦社会）だからでしょう。一部の企業では、米国企業にみられるようなフラットな組織構造に切り替わりつつありますが、それでもまだ世の中全体としては、特に地方、そして行政機構においては、個々人の実力よりも年功を重視する傾向があります。

年功重視型の組織では、年齢を重ねるごとにポジションや給料が上がっていきます。若いうちは権限がなく、給料も少ないのに、年齢が上がるほど権限も給料も増えるのです。そういう組織に長年いれば、若い頃、安月給でこき使われた分を取り返そうとして、ポジションも権限も若い人に譲らないというご老体が増えるのも、分かる気がします。

これに対して米国をはじめとする海外諸国では、社会全体がフラット構造です。つまり、その組織にどれだけ長年いたとしても、真の実力がなければ、その人は誰からも評価されません。年功という概念がないので、同じ組織に長くいれば役職や給料が上がるということはないのです。だから、いつまでも組織にしがみつこうというメンタリティ自体がないのです。日本各地のインバウンドの現場を歩いていると、せっかくインバウンドという好機が到来しているのにもかかわらず、年を取った地元の有力者が、物事を進めていく上で障害になっているという話をよく耳にします。

言いにくいことを申し上げますが、停滞している都道府県や市町村の首長はたいてい3選以上の多選の人々です（そしてたいていお年寄りです）。どんなに優れた知事や市町村長であっても、3選（任期4年×3回＝12年）まで。4選以上は避けるべきだと私は思っています。事実、日本以外の国々はほとんど法律で4選を禁止しています。なぜか。首長は3選もすれば、自地域の案件はすべて頭に入ります。一方職員は定期異動で所属部署が変わります。専門的知識でも首長にかなわなくなるのです。その結果モノを言えなくなり、首長の独裁色が強まり、組織が停滞するからです。これは民間もまったく同じです。（それゆえ、長に立つ人は、長に立つ瞬間から、出口戦略すなわち長をやめた後の戦略が必要になります。地域の価値ある「花仕事」は山のようにあります。最初にこの出口戦略・出口のビジョンを立ててから、長に立つべきだと思います。出口戦略のない人は、長に立ってはいけないと思うのです）

そしてもし、現役3選目の首長の中で、どうしても後継者が見つからず、（不本意ながら）

あえて4選目に出馬せざるを得ないという方がいらしたら、その際には必ず副知事・副市長・副町長等に30代・40代の若手の男女をご指名いただき、〝育てる力〟をお示しいただきたいと思います。

インバウンド3・0以降の時代には、全行政機構がインバウンドに取り組むようになります。インバウンドはキープ・ヤング。常に若い人に権限がないと、アジアの、そして世界のスタンダードに追いつけません。若い首長が、どんどん次世代の若い首長にバトンを渡していかない限り、インバウンドも地方創生も実現しません。

インバウンドリーダーを目指す人は、次世代のリーダーを担う若者を見つけ、育てていく義務があります。あなたが、まだ若い20代・30代の若者であったとしても、今のうちに次の自分、すなわち次世代の後継者を育てていく覚悟が必要なのです。

インバウンドに限らず、世界中のすべての分野のリーダーにとって、最大の使命は後継者を見つけ、育てることであり、次世代にビジョンを継承していくことです。それができて初めて、持続的なインバウンド、そして地方創生が実現するのです。

視座 Column 5

白船来航！ その課題と可能性

「太平の眠りを覚ます上喜撰《じょうきせん》たった四杯で夜も眠れず」という歌がある。1853年、浦賀沖に司令官ペリー率いる4隻の米国軍艦がやって来た。江戸の町はパニックとなった。上喜撰とは上等なカフェイン濃厚なお茶のことで蒸気船にかけてある。当時は船を1杯2杯と数えたので四杯とは4隻。4隻の黒船、まさに米軍艦が鎖国の日本を揺さぶり、わが国の太平の眠りは文字どおり黒船により覚まされた。

2015年の話題は大型クルーズ船来航回数の激増だろう（春から指定船の訪日客はビザが免除され上陸許可証のみとなったのが最大要因）。まさに〝白船来航〟である。たとえば最大の来航回数を誇る博多港などは年末までの予定を合わせると年273回。2016年は300回超に達するという。那覇港も年100回を超す来航を数える。これまで大型クルーズ船は長崎や神戸・横浜など特定港に着岸していた。それが今や日本中津々浦々に押し寄せている。当然、地方の港に客船ターミナルなどない。貨物船用工業港にも大型クルーズ船が押し寄せる。

隻数だけでない。船の大きさも半端ない。最大級客船のひとつ、クァンタム・オブ・ザ・シーズは16万8700トン、4180人乗りの見上げるほどの巨船だ。ペリー艦隊の旗艦で最大トン数のサスケハナ号でさえ、わずか2450トンでしかなかった。この白船は黒船の実に約69倍もの大きさである。地元の人々が驚嘆するのも無理はない。

実際、最近私が講演で地方に招かれる都市は、長崎・宮崎（日南・油津港《あぶらつこう》）・鳥取米子（境港）・神戸・京都舞鶴・新潟・福岡（博多）など、クルーズ船で沸き立つ町が実に多い。つい先日も宮崎県に赴いた際、日南市油津港の視察にお連れいただいた。過疎化、郊外へのスプロール化によって中心街はシャッター通り化してはいた。しかし、街には活気が甦《よみがえ》っていた。子育て世代の若者のUターンも増えているという。街の関係者の目の輝きが違う。民間の街づくり会社が立ち上がり、閉店していたスーパーが見事なミニモールに生まれ変わり、素敵なカフェや小じゃれた食べ物屋もオープンしていた。

まだ、全部が完成はしていなかった。しかし、そこには夢があった。「大型クルーズ船の来航は始まったばかり。今年の来航回数は限定的ですが、来年は倍増以上が期待されています。もちろん、クルーズ船の需要だけに過度に期待しているのではありません。しかし、従来皆無に等しかった訪日外国人客が街にやってくるのは、市民の希望なのです！」という市役所の方の言葉が耳に残った。そうなのだ。黒船が新しい世を開いたように、白船が地方の港町を変え、明日への希望の扉を開いている。

一方でクルーズ船激増は、バス台数不足、市内の渋滞などの問題も引き起こした。外客の購買が外資系の特殊免税店に囲いこまれ、地元に外貨が落ちない問題も生じている。そして、クルーズ船は巨大なホテルでもある。全食事代が込みの船が多い。当然宿の需要は生まれない。買い物以外、なかなか外貨が街に落ちない。

では、どうするのか。団体乗船客にも可能な限り、地元の魅力に触れる機会を設け、次は飛行機に乗ってゆっくりFIT（個人旅行）で再訪してもらう工夫が不可欠だ。多言語のパンフレットには、最寄りの空港からの鉄道やバスなどの交通手段・宿や食事処の情報などFITニーズに対応した細やかな配慮が重要となる。海からの船を待つだけでなく、空からも再訪客を呼び込む戦略立案こそが、持続可能なインバウンドの成功のカギだと強く思う。白船には日本の地方の未来を切り拓く可能性が満載されている。

終章

2020年に向けた「7つの目標」

さて、前章では「7つの力」について述べました。この終章においては、この7つの力を私自身が磨いて実現したいこと、すなわち「7つの目標」を、あえて皆さんに紹介してみたいと思います。どんな力、すなわち能力も、ただやみくもに頑張ったところで自然と身につくものではありません。今の自分の現状の力だけではとうてい到達できそうにないほどの高い目標を掲げ、その実現に向けて絶えず自らの限界に挑戦し、自らの潜在的な能力を顕在化する不断の努力によってのみ、それら「7つの力」のひとつひとつが結果として己れの中から引き出されてくるのだと思います。

英語で「Make things happen!」という有名なフレーズがあります。happenという動詞は「(たまたま偶然に物事が)起こる」という意味です。名詞形のhappening（ハプニング）とは、まさに想定外の出来事という意味ですね。「Make things happen!」には、「自分から行動を起こし物事を自ら現実にする」という意味があります。（使役動詞のmakeは「～させる」という強い意味を持っています）。私たちは、目標設定をすることによって、偶発的な出来事ではなく物事をあらかじめ心の中に描いたとおりに、必然的に起こすことが可能になるわけです。観光立国も地方創生も、いつの日にかたまたま偶然に実現することなどありません。微力ながら、私自身もまた、ささやかな（私にとっては大きな）「7つの目標」を立て、わが日本のあるべき未来の実現に寄与したいと願っています。そして同時に、以下に述べる個々の目標を達成させるためのチャレンジを通して、私自身の「7つの力」のすべてを可能な限り磨き、とりわけその中の「【条件7】育てる力」を身につけたいと心から願っています。

それではさっそく、私がこれから4年間で実現させたい7つの中期目標についてつまびらかにしたいと思います。

なぜすべてのゴールが4年後なのかというと、ここまで読んでこられた方は察しがつかれると思いますが、4年後は2020年。東京オリンピック・パラリンピックの年であり、同時にインバウンド3・0の時代が始動する目標の年でもあるからです。それに向けて、私は以下の7つの目標を掲げ、その達成に全力を尽くしていきたいと考えています。

もちろん、私にはこのほかにインバウンド4・0の実現を2030年までにという長期目標がありますが、まずは、このインバウンド3・0社会の実現なくして、その次のステップには進めませんので、この2020年までが勝負の期間となります。

【目標1】

——日本の重要観光資源をすべて見て回る

既述のとおり、私は今、年間200回超の講演・講義・セッションをこなしています。必然的に、海外の各地・日本全国を飛び回ることになるわけですが、自分で見ておきたい重要観光資源のある国内のすべての町に行けるわけではありません。したがって、見るべき価値があると思われる重要観光資源には、仕事以外の時間を使って見て回るようにしています。どのような観光資源があって、その周辺の環境はどうなのか、訪日外国人観光客はどのくらい来ているのか、といった情報を収集するためです。

2020年までには、1718ある市町村のすべての重要観光資源を網羅的に訪れたいと考えています。そして、日本人目線ではなく、訪日外国人の目線で日本各地の魅力を発見できたらと願っています。

【目標2】——公武合体の実現

昨年、フランスで開かれた国際会議に参加するためにパリを訪れたときのことです。観光大国フランスは、観光新興国ジャポンから見れば、はるかに仰ぎ見る巨人的存在。この国の観光に関わる官民のトップの人々と交流する機会はまたとないと思い、私は胸躍らせ、いささか緊張して渡仏しました。実際、訪仏外客は、8445万人（2015年UNWTO）。凄《すさ》まじい数、世界一です。2015年の訪日外客は1974万人。フランスははるか先方を走る世界のトップランナーなのです。

実際、パリのシャンゼリゼ通り、有名百貨店「ギャラリー・ラファイエット」、ルーブル美術館などは、中華系・中東系、そして世界中からの外客であふれていました。高級ブランド店はどこも中国人観光客の大行列で、根こそぎ〝爆買い〟されていたのです。

当時、1ユーロ＝約137円という円安のせいもあり、パリの物価を途方もなく高く感じたのを覚えています。中心部の高級ホテルは軒並み、一泊一室20万円超。それでも予約が取れないといいます。世界中の富裕層が期待を裏切らない高品質サービスを求めて殺到するのです（庶民の私は、郊外の安宿に泊まりましたが、それでも一泊約2万円でした）。食事・カフェ・タクシー代も驚くほど高く、あっという間に財布が薄くなりました。

その時参加した国際会議は、観光分野におけるイノベーションがテーマ。日仏双方の登壇者から刺激的なプレゼンテーションがなされ、濃密な議論が長時間行き交い、会場は盛り上がりました。私は持論であるインバウンドにおける地域連携の重要性を熱っぽく語り、同時に、興奮と緊張のなかで少しでも多くを吸収しようと各登壇者の発言に耳を傾けました。そうしたなかで、特に私の耳に強く響いたキーワードは何だったか。それは他でもない、「ブランド」という言葉でした。特にフランス側のスピーカーは「これから必要なことは自社ブランドの確立」「自地域ブランドの創造だ」などと、このブランドという言葉を誰もが何回も口にしていたのです。

はっとしました。そして、ちょっとした悟りを開いたのです。「そうか。この国はルイ・ヴィトン、エルメスなどをはじめ世界中の富裕層を魅了する超高級ブランド品、ボルドーやシャンパーニュのような高級酒などで、外貨をいっぱい稼いでいるブランド立国の国だった」という気づきです。そして、「彼らはこのブランド戦略を訪仏観光分野にも強い意思をもって適用しようとしているだけだ」という、当然の事実に気づいたのです。

わが日本は、90年のバブル崩壊後、失われた25年という長いデフレの時代を経て、いつの間にか貧乏性の国になってしまった。各種製品・サービスがどんどん安くなりました。日本ほど安価でおいしい外食チェーンがあふれる国はありません。折からの円安もあいまって、わが国は世界の標準から見ればガラパゴス化した格安なものだらけの国に成り下がっている、と感じました。パリの会場に何回も響くブランドというキーワードと、会場外の街にあふれていた高価なブランド品とサービスの渦《うず》の中で、今の日本にこそ必要なのは、まさにブランド戦略だと着想し、訪日外客による特需や爆買いなどに浮かれている場合ではないと痛感したのです。

もちろんフランスでは、ブランドの確立のため、莫大な労力と知恵を結集し、さまざまな分野の超一流クリエーターやデザイナーやシェフ、その他の専門家が日夜心血を注いでいます。私は、わが国の観光立国実現のためには、プレミアムなジャパン、付加価値の高いブランド戦略への集中、そして高度な国際観光人材の育成こそ最優先課題という新たな発想をフランスであらためて学びました（拙著『観光立国革命』〈カナリアコミュニケーションズ〉参照）。

たとえばアメリカには、「ブランドUSA」という、アメリカ全体のインバウンドを推進するための組織があり、連邦全体・州単位・まちごとに体系的な組織づくりがなされています。フランスやドイツにもそれぞれ体系的な観光推進のための機構があります。

これに対して日本の現状はどうかというと、国土交通省そして観光庁と同省所管の独立行政法人の日本政府観光局（JNTO＝国際観光推進機構）がインバウンドの推進組織として設置されています。このJNTOは世界14都市に展開している海外事務所（今年度以降に21カ所に増強予定）を有し、東京に本部を置いています。その予算は年々強化され、組織も充実しつつあります。ところが残念なことに、日本の地方都市には全くひとつも事務所がありません。一方、国土交通省の各地方出先機関の中には観光部があり（10カ所程度）、道州レベルの広域観光振興を担っています。ただし運輸局の中の一部署にとどまっています。もちろん、このほかに公民連携した広域観光を推進する組織として、たとえば九州観光推進機構や東北観光推進機構などの団体があります。また、各都道府県や政令都市には観光連盟や観光局やコンベンション協会などがあり、市町村にも観光協会があったりもします。最近は、このほかに日本版DMOとして各地に広域の観光推進のための新しい法人も生まれつつあります。

そして、それぞれの組織の方々は観光立国の実現のために日々尽力されており、私は日々これらの各機構の個々の皆さんからの個別の支援と協力の下で日々の業務を進めています。

しかし、たいへん残念なことに国全体と地方の各地域を網羅的に体系的につなぐ、インバウンド専門の全国を体系的に網羅する組織はまだなく、物事を一気呵成に全国津々浦々に浸透させていく体制にはなっていません。

確かに、観光庁は2016年8月30日に来たる2017年度の観光関係予算要求の概要を公表し、その内容は前年比52％増の373億6300万円にも上る意欲的な事業内容になっています。JNTOによるビジットジャパン事業だけでも42％増の100億円を予算計上しています。いよいよ国も本腰を入れて観光立国を推進していこうとしているのだなという強い意志も感じることができます。

ただし、どれだけ多い額の税金を投入したとしても、日本が持つ各地域の観光資源の魅力を世界に売り出し、また体系的に全国各地で全国民によるおもてなしを実現するには、現状の日本の公的機関や公的なイニシアチブで作られた官民のうちの〝官〟だけの仕組みだけでは組織的にいささか脆弱《ぜいじゃく》かつ片手落ちの状態となっているのではないかと思うのです。

そこで、私はその官民のうちの〝民〟を担い公的機構のカウンターパートとなり得る組織として、民間主導のインバウンドの全国網羅的・体系的な組織＝インバウンドの〝幕府〟の創設を呼びかけていこうと考えています。そして、その民の組織体系と、国・地方自治体・各種観光系協会などとが、多層的に連携できるよう組み合わせるのです。

国・地方自治体やその関連団体を「公」だとするならば、民間版インバウンド組織は幕府＝「武＝民間」に該当すると考えられます。その2つの組織を組み合わせるのですから、まさに「公武合体」です。こうして、日本全国あまねく、きめ細やかにインバウンドの組織網を築き、お互いに情報交換しつつ外国人観光客の誘致を進めることによって、日本のインバウンドをより活性化させていくのです。

２０１６年度のうちに、日本インバウンド連合会（ＪＩＦ：Japan Inbound Federation）［仮称］の設立準備委員会を立ち上げ、２０１７年度の始動を目指します。一気に、全国47都道府県に地方支部を設立するつもりです。このＪＩＦを、インバウンド3・0の実現に向けた電気モーターとして、縁の下の力持ちのハイブリッド「公武合体エンジン」として位置づけていきたいと思います。ＪＩＦは観光領域だけにとどまらず、留学促進・外国人就労促進、移民促進をも視野に入れた、日本のインバウンド4・0の実現のための組織としても活動し、世界中のどこもまだ実現していない、世界最先端の観光立国革命を実現していきたいと考えています。

【目標3】

――会員制インバウンド塾の全国展開

観光立国と地方創生の実現のための志士を生み出すために、今もわがＪＩＳ主催やメディア各社や他企業との連携によって、単発の、ないしシリーズ化したセミナー事業をすでに実施しています。

しかし、これからは単発のセミナーではなく、持続性のある会員制のインバウンド塾を開講したいと考えています。インバウンド、観光、地方創生の専門家を育成するのが目的です。中央だけではありません。地方創生の時代、地方のインバウンド振興のためには、むしろ地方の人材育成が急務です。上述のＪＩＦとの連携により、地方においてもこうした塾を開講していきたいと考えています。そして息の長い、インバウンドリーダーの育成に関わっていきたいと願っています。

【目標4】

――2020年までに1718の全市町村と連携し、地域の6次産業化に寄与する

現在、47都道府県の下には、基礎自治体として1718の市町村があります。この自治体がすべてインバウンドに目覚めているかと言われると、それはＮＯです。（たとえば第3章

で触れた、私の故郷である佐賀県の白石町)。

今春、わが故郷佐賀に出かけたときのこと(最近なぜか故郷の仕事が増えたのです!)。地元大学農学部主催の農業イベント内のセミナーの講師として招かれたのです。お題は「農と食とインバウンド」。さてどういう切り口で話そうかと思案していたとき、私の頭に閃《ひらめ》き、実際講演で語った内容、それは過日ドイツの観光学教授の講義で学んだ「オーセンティックな旅」という概念でした。これが今ヨーロッパのツーリズムで最重要なキーワードとなっているのです。欧州の旅人が一番求めているもの、それはオーセンティックな旅です。英語のオーセンティックとは「本物の」とか「正真正銘の」という意味。語源をひもとくと、ギリシャ語の「根源的な」という語義に由来します。私はこれを「ご当地らしさ」と訳したいと思います。

仕事柄、国内外をほぼ毎日のように旅していますが、出先ではできるだけその土地の郷土料理を食べたいと強く思っています。せっかく遠い町まで出かけてきてどこにでもあるチェーン店で食事をすませるのは味気ない。ご当地らしさを感じたいのです。再三述べてきたとおり、しかし今や、全国津々浦々どの街も同じような景観です。よく整備された観光地区以外は、軒並み新建材の住宅やビルや大型モールや電信柱が林立し、田舎の川岸や海岸もコンクリートの護岸でがちがちに固められています。旅の気分を味わいたければ、おのずから食にこだわらざるを得ないのです。

ここに農（畜産・水産）業の大きなチャンスがあります。訪日外客ははるばる海外からそれなりの対価と日数を費やして日本にやって来ます。当然、国内のどこでも食べられるものでなく、ご当地食を味わいたくなるはずです。中間層以上の富裕な旅人であれば、美食の前では財布のひもも緩くなります。一方、たとえば地元佐賀在住の主婦が近所のスーパーで安手の輸入牛肉を買おうとすると、100グラムおよそ200円。ですが彼女がA5の黒毛佐賀牛を買うとすると、100グラム約3000円からとなります。これを地元の上質のレストランで食べようとなれば、コース料理でひとり1万円からとなるでしょう。地元住人ではそんなぜいたくな出費はなかなかできません。しかし外客だと事情が違います。せっかくの旅の食事をケチケチがまんしていたら、わざわざご当地に来た意味がなくなるからです。

外食ともなると、佐賀牛だけではなく、コース料理とサービスの付加価値が付きます。その付加価値分の売り上げは地元に落ちて経済を潤します。牛肉だけではありません。地魚や野菜や地酒やフルーツやデザートの需要も生まれます。絶品の料理を作る一流シェフの店なら、一食2～3万円出しても惜しくなくなるでしょう。こうして旅人は、ご当地が生み出したオーセンティックな価値を消費し、貴重な外貨を地元に落としてくれるのです。

今や訪日市場の趨勢《すうせい》は、地方も含め主流は団体観光から個人旅行（FIT）に急速にシフトしています。お仕着せの団体食では値段設定に限界があります。自分で選べない料理に数万円も出す客はいません。しかし、自分の嗜好《しこう》に合う料理であればカネに糸目はつけなくなる。実際、佐賀の地元食材（特に野菜）にこだわった創作洋食の店にイギリス人の富裕な観光客が来て、その味に惚れ込み「イギリスでなら誰もがこの料理に650ポンド（約10万円）払う。ぜひロンドンに出店したほうがいい」と口説かれたと耳にしました（残念ながら地元佐賀の食材にこだわった店をロンドンに出すのは難しいと、その店主は丁重に断ったとのことですが…）。

おいしい食べ物は、それだけでもコンテンツとしての魅力を持ちますし、農家と組んで農業体験ツアーといったコンテンツを提供することも可能です。

つまり、わが故郷同様、日本中のどのような地域においてもインバウンド振興はできるはずなのですが、肝心の住民の皆さんご自身が、（たとえ潜在的ではあっても）自分の町の持っている、磨けば光る魅力的な観光資源に気づいていないケースが多いのです。

そこで、インバウンド3・0がスタートする2020年を目標として、私は、日本全国の計1718の市町村をすべて回り、わが故郷への愛情と同じ情熱をもって、掘り起こされていない魅力的な観光資源を見つけ、地元の方々と連携を始めていきたいと願っています。

そして今、地方のインバウンド振興に不可欠な要素、それは最高の食材を産み出す生産者と、腕利きの最高のシェフではないでしょうか。「美食」を表す英語 gastronomy には、高級な食事の意味に加え、「伝統食」「オーセンティックな食」という意味もあります。スローな美食ツーリズムを観光立国ニッポンの新しい戦略にぜひ加えたいと考えています。

すでに2010年には国の法律である「六次産業化・地産地消法」が公布されています。農業・畜産業・水産業等は、産業分類において第一次産業に分類されています。そうした第一次産業で生産された素材を加工し、製品へと加工する産業は第二次産業に分類されます。さらにそうして製造された食品を流通販売したり、レストラン等で提供する産業は第三次産業として分類されます。「六次産業化」とは、これら第一次産業の「1」、第二次産業の「2」、第三次産業の「3」をそれぞれ足しても、掛け合わせても「6」になることから、農業者が従来の農畜産物単体の価値に加えて、食品加工や消費者への直接販売、レストラン経営を通した高付加価値化などの全体に関わる戦略を指し示しています。私はこの農業の六次産業化の成功のためには、インバウンド市場戦略への取り組みが不可欠だと考えています。地方創生のためには、地元の主要産業である農業が生み出す価値を最大化することが、何よりも大切だと考えているからです。

【目標5】

――日本に集客し、おもてなしするための体系的なメディア群をつくる

２０１６年2月の春節期間に「おせっかいJapan」という訪日外客の街角案内を実践するボランティア団体と、私が委員長を務める新宿インバウンド実行委員会との初のコラボ企画のイベントを行いました。（私は今、東京新宿・北海道札幌・横浜・名古屋等で各地の皆さんとともにマイクロＤＭＯとしてのインバウンド実行委員会を組織し、日々行動を共にしています）。このイベントにおいて、延べ数十人にのぼる留学生・日本人の語学堪能な社会人や大学生のボランティアと、私たち委員会メンバーは数日間にわたって、新宿の街角案内を実行しました。新宿の委員会活動は２０１３年秋から始め、現在は『Shinjuku Explorer』という多言語情報誌を地元商業施設13社共同で半期ごとに発行し、海外の旅行博や旅行会社、新宿の20数拠点のホテル等で配布しています。コラボの目的は、販促よりも同誌コンテンツの実用性の検証、訪日客の新宿での行動実態やニーズの掌握・マーケティングを主題にしています。

限られた時間ではありましたが、私自身も〝おせっかい〟活動の現場に出動しました。春節ということもあり中華系の人々が多かったですが、欧米系などさまざまな外客の姿を目にしました。街はまさに人種のるつぼと化していました。立ち止まって案内板やスマホを覗き込む訪日客は道に迷っている人々です。見つけるとみんなで一目散に駆け出します。おせっ

かいはとにかく楽しいものです。一チームは英語・中国語・その他言語担当の3～4人組で行動します。ロゴ入りの黄色いジャンパーを着込んだメンバーが「May I help you?」と声をかけると、笑顔の花が咲きます。

「トイレはどこ?」「両替所はどこ?」「大型コインロッカーを探している」「○○という商品はどこで売っている?」「美味しいラーメン屋は?」など細々とした情報をたずねられます。新宿はとにかくでかくて、とても全部は答えられません。一緒に探し歩くケースも多く、問題が解決した外客とはちょっとした友情が芽生えます。一緒に楽しく写真を撮り合ったりもしました。未知の新宿の新スポットも知りました。実際にその場所に行ってみると、訪日客であふれ返っていました。

意外に多いのが、「これから浅草に行くけど行き方が分からない」「信州の妻籠《つまご》・馬籠宿《まごめじゅく》に行きたい」「富士山ツアーはどこで申し込むの?」など、新宿を起点とした次の目的地への交通経路やツアー窓口への問いです。一日約350万人もの乗降客が行き交う世界有数の巨大ターミナル新宿の凄《すご》さを再認識しました。

いずれにせよ痛感したのは、われわれが作ってきたそれまでのバージョンの多言語マガジンでは力不足だという現実です。とりわけマップに掲載している情報の不足を思い知らされました。無料公衆トイレ・大型コインロッカー・両替所（使用可能な時間帯も大事）などの位置情報の掲載はさっそく次号に盛り込みたいと思いました。（そしてすでにその一部はこの2016年8月発行号で実現しています）。新宿を起点として各地を旅したい訪日客は、大型スーツケースを駅近くの大型コインロッカーに預け、身近な手荷物だけで次の宿泊地に向かう。これは新鮮な気づきでした。

目印となる街角のランドマーク記載も大事です。実際に新宿を初めて訪れたツーリストが直感的に分かる地図、そして委員会企業の各商業施設へのアクセス・買い回り方案内など改善点や新発想のヒントが山のように見つかりました。定番の花園神社や新宿御苑のほかにも、訪日客に人気の新観光スポット群の案内の必要性も実感しました。

これまでも自分たちなりに、旅人目線を大事にしてきたつもりでした。海外の旅行博会場や旅行会社、着地の各ホテルのコンシェルジュの皆さんからの意見は常に誌面作りに反映させてきました。しかし、今回まさに〝インバウンドの現場〟を歩き回り、訪日観光客を相手に生に直接ガイドすることで、途方もない膨大な量の生きた情報フィードバックを手にすることができたのです。まさに答えはインバウンドの現場にこそあったのです。私は、今後この気づきのプロセスをさらにシステム化・体系化して、日本全国のまちに広げていきたいと思っています。

現在、各地方自治体の観光地を紹介するメディアは、各地方自治体が制作しているものもあれば、民間事業者が制作しているものもあり、当然のことですが、フォーマットや細かい規格はバラバラです。

メディアとは、観光マップや、地元の観光地を伝えるための小冊子を指しているのですが、これらがすべてバラバラだと、統一感に欠けるのは言うまでもありませんが、やはり利用者の立場から考えると、使い勝手が悪いことになります。

したがって、観光案内の小冊子や観光マップに関しては、統一規格のもとで制作するとともに、もちろん今はスマホ中心の社会なので、それらに連動するアプリやWEBサービス、SNSサービスも同時並行的に徹底して展開していく予定です。

【目標6】

――世界の観光大国の最前線を網羅的に見て回る

目標2の項などでも触れたとおり、最近は国内に加えてフランスや中国・台湾など国外での講演や国際会議に招かれることも増えてきました。わが国のインバウンドもようやくその数（国際観光到着数）において、世界の観光大国に伍して、その順位を上げてきています。2013年には27位（1036・4万人）だったものが、2014年には22位（1341・3万人）、2015年には一気に16位（1973・7万人）にまで上がってきています。2015

年の国際観光収入においても、日本のそれは249・83億米ドルと、世界のトップ10の国々には及ばずとも、それら上位国・地域の背中が視界に入ってきました。

しかし、私はそれら上位の国々・地域のまだほんの一部しか訪問できておらず、また彼らの観光立国政策についても、外からの考察・観察ができているに過ぎません。2020年7月までを目途に、アメリカ・スペイン・イギリス・イタリア・ドイツ等をはじめとする世界各地のインバウンド大国を訪れて、直接コンテンツに触れ、現地の専門家や観光関係者との深い交流を通して、彼らの先進的な戦略をつぶさに学んできたいと願っています。

【目標7】
——観光立国政策研究大学院大学の創設

観光に関しては、高山市の事例紹介の中でも触れたとおり、自他ともに認めるような世界最高レベルの、観光政策を研究するための専門大学院を創設したいと考えています。教授陣には世界的に指折りの専門家を、国内・海外から招聘《しょうへい》したいと考えています。本部は東京ではなく、高山市のような地方の国際観光都市に設置してはどうかと考えているところです。2020年までに大学院大学設置準備。2030年までに毎年年間およそ50名の卒業生を世に送り出し、500人を超える最優秀の人材を日本中・世界中に輩出したいと考えています。

おわりに

「観光」という言葉が、近代日本で使われるようになったきっかけは、幕末の1855年、オランダ政府から江戸幕府に贈呈された小さな軍艦につけられた名前「観光丸」に由来しています。

オランダ政府は、米国のペリー艦隊に先んじて日本の開国を勧めるために、軍艦をプレゼントすることを通して、わが国が独立国として当然備えておくべき近代的海軍の創設を提案したのです。もともと、「観光」の語源は、中国の古典「四書五経」のうちのひとつ『易経《えききょう》』の一節、「観国之光＝国の光をしめす」に由来しています。「観」は「みる」と読み下すのではなく、「しめす」と読みます。幕府が「観光丸」と名づけた理由は、まさに海軍を創設し、圧倒的な西洋列強の文明のパワーに屈することなく、わが日本の光を指し示し、列強に伍《ご》して世界と対峙し、世界と交流する志を宣言するためのものでした。「観光」という言葉にはそういう強い願いと意思が込められていたのです。

もちろん、この一隻だけでは、幕府の海軍の基礎はできません。観光丸を海軍伝習所の練習艦とする一方、幕府は、別途軍艦の建造（これがのちの「咸臨丸《かんりんまる》」となります！　なお咸臨とは、君臣心で感じ合い、一致協力して事に臨む、の意）を発注し、教師団（軍事顧問団）の派遣をオランダに要請します。歴史小説家として名高い、司馬遼太郎さんは自らの『明治」という国家』（ＮＨＫ出版）という著書の中で、次のような興味深いエピソードを紹介しています。

長崎の海軍伝習所に、１８５７年に教官としてやってきたその軍事顧問団の中に、カッテンディーケ（Kattendyke、１８１６〜１８６６）という名前のオランダ海軍中佐がいました。彼はのちにオランダの海軍大臣と外務大臣にまで出世した人物でした。当時、幕府はすでに市内をオランダ人が自由に歩き回ることを許していました。カッテンディーケは、内心「もし艦長が一名の士官と四十五人の陸戦隊をひきいて上陸すれば、おそらく簡単に占領できる」と思っていることもあって、長崎の町があまりに無防備なことに驚き、また嘆き、

「国外の敵に攻められたら（あなたは）どうするのですか」

と町の商人（町人）たちに質問したのです。

すると、その町人からは、

「それは、幕府（＝お上）のなさることだ。われわれの知ったことではない」

という思わぬ答えが返ってきて、衝撃を受けてしまうのです。

（カッテンディーケ著『長崎海軍伝習所の日々』東洋文庫（26）〈平凡社〉）

この海軍伝習所には、伝習生の一人として勝海舟《かつかいしゅう》（1823～1899、のちの咸臨丸の艦長）がいて、カッテンディーケに学んでいました。勝は、オランダ語ができ、また伝習所の中の教務主任のような立場にいたことから、司馬さんは、この2人の間で以下のような会話があったのではないかと想像しました。

言うまでもなく、江戸時代は士農工商に分かれていました。「商」である町人の頭に、国防のことなど思いも浮かびません。

勝がカッテンディーケに質問します。

「オランダの場合はどうなんですか」

司馬さんは、その問いにカッテンディーケが、

「オランダには憲法があります。オランダ人は、いかなる人といえども、ごく自然にオランダ国民です。自分の身と国とを一体のものとして考え、ある場合にはオランダの代表として振る舞い、また敵が攻めてきた場合には自ら進んでそれを防ごうとします。それが国民とい

うものです。日本がなぜそうでないのかが不思議ですね」
と、答えたことだろうと考えました。

ここで、私はなぜ、この司馬さんのこの著書の一節を引用しようと考えたのでしょうか。それは、このエピソードの中に、私たちが今真剣に考えなければならない問題への今日の人々の対応と、当時の長崎の町人の考えとの類似性《アナロジー》を痛感しているからです。まさに今日本は、幕末の当時よりも深刻な内憂外患、すなわち近年目にみえて衰えてきた同盟国である米軍のプレゼンス、すさまじい勢いで進み始めた人口減少（特に地方）、年々増え続ける膨大な財政赤字、国力の加速度的な衰え等々、数多くの課題に直面しているからです。今、日本は地方創生の成就と観光立国の実現に向けた本気の取り組みが切実に求められている状況です。しかし、いまだごく一部の専門家や高い意識を持った政府関係者等を除けば、このわが国が抱える諸課題への危機感を全国民が共有しているとは思われません。

「観光立国について、あなたはどう考えているのですか」
「人口が激減しようとしています。この町の地方創生はどうやって実現しようとしているのですか」

この問いかけに対して、皆さんは、当時の長崎の町人のように、

「それは、お上（＝政府や自治体）のなさることだ。われわれの知ったことではない」

と答えるのでしょうか。

「そんな大きなことは私には求められていない。目先の自分の組織内での評価、自社の目先のインバウンド売上、自地域の繁栄だけを考えていて何が悪い」

と答えるのでしょうか。


それではいけません。今やわが国の主権者は私たちです（本文第2章を再読ください！）。当時のオランダ国と同じく、私たち一人一人が、国民の一員として、主権者として、官民のカベを越えて、そしておじいちゃんもおばあちゃんも、子供たちも年齢のカベを越えて、すなわち全国民がこの観光立国と地方創生の推進を始め、さまざまな課題解決の主体者として立ち上がり、立ち向かうべき時だと、私は強く思うのです。

この本では、観光立国革命成就と地方創生実現のための、ささやかな各種処方箋を用意したつもりです。しかし、これらの問題解決のための努力が、ごく一部の人々によってしかなされず、大半の人々が無関心のままでいたら、そしてただ単に〝爆買い〟バブルの再来を願望

し、極端な円高への回帰と、政府からの補助金や助成金だけを当てにしていたとしたら、それらの処方箋はただの無駄な独り言になってしまいます。

観光立国革命は、まだ始まったばかりです。一人でも多くの志士を必要としています。一人でも多くの仲間を求めているのです。私は、既述のとおり、日々講演や講義・各種委員会活動等で、全国各地、そして海外の各都市を旅しています。ぜひそうした場において、この本の読者と直接お会いできたらと願っております。私を見かけたら、ぜひ、躊躇《ちゅうちょ》することなく、「著書、読みましたよ！」と気軽に声をかけていただければと思います。率直な感想を聞かせてください。そして、私が知らないことをぜひいっぱい教えてください。皆さん、インバウンド3・0時代の実現、インバウンド4・0時代の実現を目指し、観光立国革命をともに進めてまいりましょう。

The future is now!　私たちが手に入れたい未来、滅ばない未来は、ほかでもない、今私たち自身が創《つく》るものだと思うのです。

本書に掲載したコラムは、『週刊トラベルジャーナル』の連載「視座」に適宜、加筆修正を加えたものです。

Column 1 「ガイドという職業の奥深さ」（p.34〜36） ２０１５年11月2日号
Column 2 「民泊解禁、その課題と波及効果」（p.60〜62） ２０１６年1月4・11日号
Column 3 「サミットのレガシーとMICEの可能性」（p.98〜100） ２０１６年2月8日号
Column 4 「街道ツーリズムの可能性」（p.148〜150） ２０１６年7月4日号
Column 5 「白船来航！ その課題と可能性」（p.174〜176） ２０１５年11月30日号

その他、同連載の以下の記事を改編して本文に掲載しています。

「旅館の課題と可能性」……………………２０１５年9月7日号
「観光立国フランスで考えたこと」………２０１５年10月5日号
「答えはインバウンドの現場にあった」…２０１６年3月7日
「観光業は最強の地場産業である」………２０１６年4月4日号
「農と食と訪日観光のマリアージュ」……２０１６年5月2日号

中村好明（なかむらよしあき）

株式会社ジャパンインバウンドソリューションズ代表取締役社長

1963年、佐賀県生まれ。上智大学出身。2000年（株）ドン・キホーテ入社。広報・IR・マーケティング・新規事業の責任者を経て、08年7月、社長室ゼネラルマネージャー兼インバウンドプロジェクトの責任者に就任。13年7月、（株）ジャパンインバウンドソリューションズを設立、その代表に就任。ドン・キホーテグループに加え、国・自治体・民間企業のインバウンド分野におけるコンサル業務、教育研修事業、プロモーション連携事業に従事。日本インバウンド教育協会理事。ハリウッド大学院大学・神戸山手大学客員教授。日本ホスピタリティ推進協会グローバル戦略委員長。全国免税店協会副会長。観光政策研究会会長。著書に『ドン・キホーテ流 観光立国への挑戦』（メディア総合研究所）、『インバウンド戦略』（時事通信社）、『接客現場の英会話 もうかるイングリッシュ』（朝日出版社）、『観光立国革命』（カナリアコミュニケーションズ）がある。

地方創生を可能にする
まちづくり×インバウンド
成功する「7つの力」

2016年10月25日　初版第1刷発行

著者　中村好明

発行者　原雅久
発行所　株式会社 朝日出版社
〒101-0065　東京都千代田区西神田3-3-5
電話　03-3263-3321（代表）
http://www.asahipress.com

印刷・製本　凸版印刷株式会社

編集協力　鈴木雅光
ブックデザイン　阿部太一［GOKIGEN］
DTP　メディアアート

ISBN978-4-255-00954-4 C0095